中国漢代人物伝

濱田英作著

成文堂選書
36

まえがき

中国歴史書の最高峰である『漢書』は、私たち人類がいまから二千年前に持ったところの、人間性の「実録物語」である。

それは、皇帝年代記および統計年鑑的諸資料と人物列伝とが、いわば経糸《たていと》と緯糸《よこいと》のように組み合わさって、前漢一代の中華世界を描き出し、また一つの王朝を浮かび上がらせるといった態《てい》をなしてはいるが、じつのところその比重が人物列伝の方にあるのは、一目瞭然である。

しかしてその内容はといえば、これはもう、それぞれの人物のゴシップが、伝記の大半を占めているといってもよいのである。

たしかにそこには、優秀で有能な官僚たちの生涯が克明に記録されており、また各々の政治的立場／姿勢や、そのことにあたっての志《こころざし》についても山ほど記述されてはいるのだが、『漢書』の記述は——というより中国正史の記述は——、それらが国家的に、あるいは政治的にどのように統合されたか、つまり一代の王朝が、一貫して総合的にいかなる政策を採ったか——すなわち国家としていかなる振る舞いをなしたか——ということに関しては、それが正史であるにもかかわらず、まったくシステマチックではないのである。

むしろそれとは反対に、そこにあるのは、侮辱されたことを恨んで報復した将軍の話だの、化粧のときに奥方の眉を描いてやって悦に入った長官の話だの、古女房に見捨てられたがついには見返した官僚だの、自分の母親に見限られて平身低頭謝罪した知事の話だのといったものばかりであり、国家の公式記録ともあろうものが、さいごは結局、人間の茶飯事を書いて終わっているのである。

正史といえば、皇帝の日常を細大漏らさず記録した起居注にはじまり、全国各地から定時に上ってくる各種報告と統計とをそれに加えた膨大な資料を、厳選に厳選を重ね、徹底的にコンパイルした、まさに王朝史《ヒストリー》オフィシャルベスト版とも考えられる存在であるはずなのに、最終的にそこに残っているのは、要は我《が》の強い人物たちのゴシップばかりだというのでは、なにかまるで拍子抜けなようにも思えてしまう。

とはいえ、『漢書』は、冒頭に述べたごとく、まずなによりも、人間性の「実録物語（ストーリーstory＝ヒストリーhistory）」なのであって、その物語作成のモーメントは、いつの時代にも、またどこの地域にも均しく存在し、そしてそこに繰り広げられている人間模様というものは、つねに変わらぬ力をもって、私たちの心に訴えかけてくるのではないだろうか。その点からすれば、『漢書』の歴史的・文化的な価値は、毫《ごう》も減ずるものではない。

私は本書で、『漢書』をそうした人間群像の物語として捉え、そこに現われてくるさまざまな人物像を紹介したい。もちろん、本書で紹介する前漢代人物の数は限られており、またそれらの人々は、ひたすら私が興味を覚えたキャラクターたちであるというに過ぎない。ではなぜ、そしてまたどういう観点から私がそうした人物を選んだのかは、いずれ本文のなかで明らかになるところだが、前漢代の人物のみを取り上げたこの『漢書』も、その群像描写によって人口に膾炙《かいしゃ》している『三国志』や、三皇五帝以来の人物を残らず記述した『史記』に、けっして負けるとも劣ることなく、みずからの感懐を託すにふさわしい書物であることは、私のみならず、古来より東アジアの人間にとって、疑いのないところなのである。

本書の執筆にあたって、私は小竹武夫訳『漢書』全三巻（筑摩書房、昭和五二年〜五四年）を、手許より離すことはなかった。というよりも、この書物を何度となく繰り返し読むことによって、前漢世界とそこに生きる人間というものが、少しずつ、また少しずつ、私の眼前に開けていき、それに対する考察というのも発展していったのであって、そのプロセスは、現在もなお、この本をひもとくごとに進行しているのであるから、その学恩というものは、とうてい感謝してもしきれるものではないのである。その訳文は精密かつ周到であり、また十分にこなれてもいて、間然するところがない。

とはいえ『漢書』は本来、ただ読み下しにしても十分過ぎるほどの名文であり、よし明治期以降に限ったとしても、日本語書きことば（文章体）を形成するかなりの部分は、もしかすると『漢書』の訓読そのままではないのかとすら思われるほどなのであって、小竹訳『漢書』も、そのため当然ながら、おおいに読み下しに基づいていることもまた、万人の認めるところではないだろうか。

そこで私は、小竹訳『漢書』の訳文を、そのまま引用符つきで引用することは、けっしてしないように心がけ、またみずからの訳文を現代的でもあり普遍的なものとするためには、相応に苦労した。本文中で、論証の必要上から小竹訳と解釈が違うことを明記した箇所もあるし、そうでないところでも、訳文を比較対照していただければ、その相違はわかるはずである。

したがって、本書の『漢書』の訳文は、あくまで私自身の読みであり、そうして読んだ文脈から行なった私なりの解釈であるから、その翻訳責任は、浅学菲才の叱正も含め、あげて私にある。そして訳出のさい、私が参照した原文は、注釈文も含めて、王先謙『漢書補注』（藝文印書館）である。この姿勢はまた、小川環樹・今鷹真・福島吉彦訳『史記列伝』全五巻（岩波文庫、昭和五〇年）および瀧川資言・水澤利忠『史記會注考證附校補』（上海古籍出版社、一九八五年六月）にも当てはまることを明記しておく。

さらに原文の語調や雰囲気をそのまま紹介したいところでは、白文であったり、読み下し文であったり、あるいは両者、ないし訳文も併《あわ》せ三者を列記したりと、その扱う内容や主題、ときには私の「気分」によっても、さまざまな日本語表現の体裁《スタイル》を取っている。これは純然たる学術書ではないのであり、歴然たる過誤と錯誤を除いては、どうか読者諸賢の御寛恕と御海容とをお願いするしだいである。

本書は、私が大学教員として中国文化に関連する科目を講義するなかで、その構想がしだいに具体的なかたちを取ったものであるが、その構成のうち、序章から第6章および終章は書き下ろし、第7章も大部分は書き下ろしで、匈奴とスキタイに関する部分については、東京堂出版『シルクロードを知る事典』濱田執筆項目、また北海道新聞ホームページ中の「シルクロード紀行」にさらに置かれている濱田エッセイ「白楊樹」(http://www.aurora-net.or.jp/doshin/silkroad/hakuyoju/)中の、私が主張したい本旨の部分を骨子として、大幅に加筆した(この「白楊樹」については、『シルクロード紀行』〈北海道新聞社、平成十一年六月〉にも掲載されている。また前漢西北辺境・匈奴・スキタイの知識については、諸先学の各種研究成果を、精一杯咀嚼するようつとめた)。第8章は、静修短期大学(現・札幌国際大学短期大学部)研究紀要第二三号(一九九二年三月)掲載(九三頁～一〇二頁)の拙論「前漢按剣考」および同紀要第二四号(一九九三年三月)掲載(一〇九頁～一一八頁)の拙論「前漢の撃剣・剣論・剣客――剣の用途小考」を編纂・整理して、一章にまとめたものである。

なお本書の挿絵は、馬永嬴・王保平著『走近　漢陽陵』(文物出版社、二〇〇一年四月)、黄明蘭編著『洛陽漢畫像磚』(河南美術出版社、一九八六年十月)、成東・鐘少異編著『中国古代兵器図集』(解放軍出版社、一九九〇年〈巻末注に、当該図版の原載は林巳奈夫著『漢代の文物』《京都大学人文科学研究所、一九七

六年》とある〉)、図録『中華人民共和国漢唐壁画展』(日本中国文化交流協会、一九七四年)所載の図版をもとに、私が適宜模写し、順不同に配置した。

本書の完成にあたって、私が早稲田大学文学部および大学院文学研究科で東洋史を専攻して以来、シルクロードを通じた漢とローマの交流という観点のみならず、その根底にある漢代中国世界というものに目を向けるべくご示唆を与えて下さった、私の指導教員であり、わが国東西交渉史研究の第一人者である長澤和俊先生、また北京大学留学中に、その含蓄溢れる毎夜の談話によって、古代中国にしか興味のなかった私に現代中国に対する目を開いて下さった──そして一九八九年六月四日天安門事件を見詰める強靱さを私に備えて下さった──、早稲田大学商学部教授(当時)の横山宏先生、そして同じく北京大学留学中、研究メトードに関して悩んでいた私に、その方法を懇切丁寧にご指導下さり、ふたたび課題に立ち向かうモチベーションと安心感とを与えて下さった、早稲田大学文学部教授の松浦友久先生に、心よりお礼を申し上げる。右の三師の学恩に恵まれることなしには、私が本書の主題に着目することも、また取り組むことも、おそらくあり得なかったであろう。

加えて、私の北京大学留学への道を開いて下さった、早稲田大学総長(当時教務部長)の奥島孝康先生と、国士舘大学21世紀アジア学部という、まったく新しいコンセプトの学部で教育・研究する機会を与えて下さった、国士舘大学理事長(元早稲田大学総長)の西原春夫先生にも、併せて心よりお礼を申し上げる。私の母校である早稲田大学は、いつの時代も常に日中交流の最前線にあり、私の中国理解と研究の進展も、そうした条件の上にあってこそ、はじめて実現し得たものである。

さいごになったが、本書の出版をご慫慂下さり、成文堂へのご紹介の労を取って下さった国士舘大学常任理事の山代将先生、また完成まで粘り強くご鞭撻下さった成文堂編集部の本郷三好様に、心よりお礼を申し上げる。

二〇〇二年初夏

濱田英作

目次

5　酷吏群像――流血すること数里　53

終章　司馬遷はなぜ笞打ちをいやがったか　165

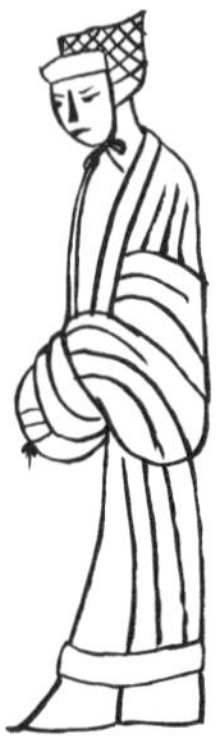

序章

前漢代の王族や官僚の墓からは、俑《よう》と呼ばれる人形が出土する。死後の世界で、実際の人間に成り代わって主人の用を足す召使いとして副葬されたものだ。日本の埴輪とも似ているが、俑は死者に近い墓室内に置かれているところが、より直接的だ。またその写実性も、埴輪よりもはるかに高度である。

漢代の俑は、あまりにも有名になった、あの秦の始皇帝陵兵馬俑に比べれば、はるかに小振りではあるものの、男も女も、みな実際の人間と同様の絹の着物を身に纏い、髪型も服装も、当時の風俗をそのままに映し出し、考古学的にも歴史学的にも、重要な資料となっている。

しかし、私がそこで着目したのは、髪型や服装もさることながら、なによりもその顔立ちと表情だった。やや頭の鉢の開いてあごの尖ったその顔には、細い線を使って、眉と目鼻と口とが描いてある。それは端正で気品を感じさせる。

だが、かれら俑の悲しそうな様子ときたらどうだろう。かれらの眉間には縦皺が刻まれ、小さな鼻の下の口元はきっと真一文字に結ばれている。そこからは、喜びや笑いといった暖かな感情は、まるで伝わってこない。その代わり、そこにあるのは、なにかにじっと耐えている表情だ。さもなければ、いわばあらかじめ恐怖を予期し、それに備えているとでもいった表情だ。

そして、その小さな黒目は、これもまた、あたかもなにかが突然に降りかかってくるのを恐れているかのように見開かれ、やや下向きに前方を見据えて動かないのだ。

一方、かれらの姿勢もまた、けっしてよいとはいえない。端正に正座してはいるのだが、みないちようにうつむき加減に肩をすぼめ、背を丸めている。それはまるで、判決を待つ罪人のようだ。

そこには、生命力の躍動というものが、まるで感じられないのである。

要するに、漢の俑からは、高い芸術性よりもむしろ、かれらのような俑、そしてそのモデルとなった人々を産み出した、この漢という時代、あるいは世界、もしくは社会の持っていた抑圧感と恐怖感が、いったいいかばかりであったかという印象のほうを、よりいっそう強く受けざるをえないのである。

ところで、人間にそんな顔をさせる社会とは、現代でいえば、全体主義国家、あるいはファシズム体制のもとで以外にはありえないのではなかろうか。それは、人々がたがいに監視しあい、密告と拷問による自白がつねに待ち受けている、重苦しい社会である。

そこでは、国家が人間の生殺与奪の権を握り、人々は、自分に分与された、ほんのわずかばかりの権力の分け前を行使せんものといがみ合う。

漢代の中国にしか興味のなかった私は、北京大学に二年間留学している間に、現代中国の社会体制が、自分の研究している前漢代と、表面的な制度上でほとんど変化のないことに衝撃を受け、そこから現代中国に対する眼を開かれた。そして、そうした観点から現代中国を眺めていくうちに、逆に前漢代中国を新たな視点で見直すことができるようになったのである。

そのような過程をへて私の目の前に現れた新たな前漢帝国とは、もはや西域削空《シルクロード》の張騫の祖国でもなければ、青年将軍霍去病の武勲に飾られた強国でもなく、また李陵や蘇武のドラマに満ちた故国でもなかった。だから、ましてや君子董仲徐が教えた、儒教を守る宗国であるはずがない。

それはむしろ、法が人為で運用される、恐怖政治に満ち満ちた、恐るべき国家だったのである。人命の値段が安く、流血が日常茶飯事で、ゲシュタポやシュタージに匹敵する酷吏が横行する、抑圧体制だったのである。かれらの鋭い眼光の前には、たとえ貴族や有力者であっても対抗することはできない。首都でのさばる暴走族のチームも、かれらに一網打尽にされ、即決裁判で生き埋めにされるか、さもなければ砂漠の辺境に送られ、長城警備の強制労働が待っているのである。墓に埋められた俑の悲しげな顔は、はたしてそのことを物語ってはいまいか。

では、そのような人々を生んだ漢とは、どのような国だったのか。そのような国のシステムを支え、動かしたのは、どのような人々だったのか。それらの人々は、私たちの時代までの歴史を通じて、私たちとなにか違いがあるのか。漢代の歴史を見ることは、私たちにとって役に立つことなのか否か。

喧嘩と正面衝突

かつて私が北京大学に留学していたとき、町に出れば、毎日一度は喧嘩をする、あるいは喧嘩を見るといった状態だったことを覚えている。

また、北京大学留学生弁公室が主催する留学生研修旅行に参加して、広東省における一九二〇年代中国大革命と第一次国共合作時代関連の名所旧跡を巡ったときのことだが、バスがつづら折りの山道を走っていくと、カーブの入口や出口に、決まったように事故を起こした小型トラックがうち捨ててある。それらはすべて正面衝突であり、例外なく前頭部が完膚なきまでに押しつぶされ破壊されていて、どの車も、回避という行動をまったくとらなかったことを伺わせた。運転手は死んだか、よし生きのびたにせよ、軽傷というような程度では済まなかったに違いない。

つまりそれらの事故は、狭いカーブで、対向車同士が、カーブの陰に当然予想さるべき相手のことを考えもしないで徐行もせずに突っ走っていたこと、そしてすでに双方の姿が見えてからもなお、お互いに近づきつつあるのが分かっているにもかかわらず、どちらも最後の瞬間まで譲り合わずにアクセルを踏みつづけたということを物語っていたのである。もちろん、私たちの乗ったバスもまた、そんな光景を移動のたびに必ず一度は目にしながらも、けっしてスピードを落とすことはなく、僥倖の然らしむるところ、研修期間を通じて走りつづけたのであった。

互いに譲り合わず、徹底的に自己の言い分だけを主張し、そのためにはみずからの命を失っても悔いることもない。いやむしろ、命を失う恐怖よりも、みずからの言い分を通す一念と、それを今やまさに通しつつあるというその場の快感／満足感の方が、はるかに強いのではないか。北京の街中での喧嘩体験と、広東省でのこのバス旅行で、私は中国人のメンタリティの一端を垣間見た気がしたのである。

そして、それに合わせるように私の脳裏には、かつてある紙面（長い間、これを真継伸彦の新聞小説『青空』だとばかり思い込んでいたのだが、今回、単行本になっているそれを調べてみると、そんな記述は見当らないのである）で読んだ、中国人についての文化論的記述が思い浮かんだ。それは「中国にはしばしば諫死の例がある。それは中国人士大夫の高い倫理観を物語るものである」というもので、私はそれを十代で目にしてひどく感動し、「至誠を尽くし」たり、「節を曲げ」なかったり、そして「死して後已む」ような態度を、自分の理想と考えたものだった。

ところが、現実の中国に来て、日々を暮らしてみると、どうだろう。中国人が年がら年中やっていることといえば、それはもう徹頭徹尾自己主張をして、相手に対して自分の言い分を通すこと、それのみなのである。そしてその言い分というのは、たかだか街中でのトラブルであったり、対抗する自動車のどちらが道を押し通るかというたぐいのものなのだが、それで命を落とすか、運が良くて瀕死の重傷を負う中国人が、現にこうして存在しているのである。

それに思い至ったとき、私はあらためてみずからの中の中国人像を再検討し、再構成し、再構築してみた。すると、これまで高い倫理性に裏打ちされたものとばかり思っていた中国古代士大夫の行動もまた、要するに「自分の言い分を通す」ということにおいては、中国人メンタリティとして見事に一貫しているのではないか、というふうに感じられはじめたのである。

自恃を通すための「諫死」

私がもっぱら調べ、考えるようになった前漢代中国の朝議では、常に議論が、飽くなき議論が繰り返される。官僚たちは律令を引用し、「春秋」を援用し、相手を言い負かし、打ち負かす。例外なく自恃《じじ》が強く、他人を見下げ軽蔑し、どんなに温厚といわれる人物であろうと、自分が打ち負かされ、軽んじられた屈辱はけっして忘れず、必ず復讐し、恨みを晴らす。そこには、倫理性など見られない。それどころか、倫理は自恃を飾る道具である。そしてみずからの言い分を通すためなら皇帝にまで盾突き、叩頭《こうとう》を繰り返して欄干に頭を叩きつけ、ついには額を割って血を流してでも最後まで意見を主張する。

だとすれば、「諫死」とは、いったい何なのか。国家に仕えて身を犠牲にし、自分の命を差し出して、その犠牲の血によってカタルシスを招き寄せ、天地の霊を鎮め、天子の心を融《と》かし動かして善政に導く、そういった高い倫理観や目的意識に裏打ちされてのものなのか。

いやむしろそうではなく、たとえ相手が皇帝であろうが何であろうが、その瞬間の自分の意見を通す、そのことこそが最大かつ最高の目的で、そのためならばたとえ天子の不興を蒙ろうが何をしようがいっこうに構わない、いやたとえ腰斬（大斧により腰の部分で上半身と下半身を両断される）され棄市（被告は市場で処刑され、その首は晒され、両断された屍体の内臓は薬膳用に売りさばかれるのだ）されて殺される瞬間においてすら、自分の言い分はぜったいに撤回せずに押し通したというその満足感／快感の中で死んでいくのではないのか。よくテレビの時代劇で「家老の爺が可愛い若殿をお諫め申し上げるために、老い先短い身を捨てる」ために切腹するような、そんなウェットなものではないし、また、自分の死によって相手に衝撃を与え、後悔させるというような恨みがましいものでもないのである（いやしくも中国人なら、恨みは必ず現世で晴らす。死者を墓から引きずり出して鞭打ち、敵に見立てた銅像を縛り、唾を吐きかけるのだ）。

現に、諫死をしたから政治があらたまったような例が、中国に幾たりあるというのか。そんなことで為政者も官僚も、後悔するようなできではない。「陛下の人材登用は薪を積むのと同様で、後から来た者が上に置かれる」とは、武帝時代に直言居士で知られた汲黯《きゅうあん》の言だが、ことほどさように権力を追い求める人材の代わりは、いくらでもいるのである。

そうではなくて、前漢代中国の官僚は、自分の言い分を通す「ため」に死ぬのである。あるいはそのことの「ため」に、結果として殺されるのである。そしてそのこと、つまり自恃を保持しつづけるために命を失うという、現代人からすれば前後逆転した発想に見える行動を、まったく不思議とも思わないし、悔いることがないのである。

前漢代中国人の実像

こうして自分の意見を徹頭徹尾主張し、言い分を通し、勝ち残っていくことが、そのまま前漢代（といわず）中国政治の軌跡であり、現われてきている政策なのである。そこには一貫した論理性も倫理性もなく、はなはだしきは秩序もない。もし秩序があるとすれば、それはわずかに三老という顔役が支配する、最小単位の郷村地域コミュニティの中でしかなく、それは皇帝権力が間接的にしか及ばない、いわば新石器仰韶《ヤンシャオ》時代の半坡《はんぱ》環濠集落以来、変わらぬ地縁・血縁プロパティの範囲を出ない。だから社会や街角は毎日喧嘩と衝突の場と化し、外で利益を求めた人々は、内では「居民区《チユーミンチユー》」に立てこもる。つまり、そうした世間は「混沌」である。

だからこそ、つまり実際にはそうではないからこそ（本来理想的もしくはそれに近いような社会がすでに現出されてあれば、いまさら屋下に屋を架すような徳目を説くはずもない）、儒者は「修身斉家治国平天下」

などというお題目をしきりと唱えて空しい教化の努力を続けたのだし、孔子は絶望して東海の果て、縄文時代の日本列島の理想郷を夢見たのであり、一方では黄老無為の道という選択肢が用意されもしたのである（ちなみに、そうした本来あり得ない理想世界――中華世界のほんとうの上澄み部分――を中国社会のすべてだと思い込んで、それを額面どおり信じ、受け止めて持ち帰ったのが、例によって正直で騙されやすい、舶来崇拝の日本人だった。つねにこれが、日本の外国文化輸入のパターンだ）。

前漢代中国には、そうした中国人の実像が、すべてあらわれる。我《が》と自恃が強く、死んでも自らの言い分を通す、そうした人間が、『漢書』列伝上には溢《あふ》れている。現代中国を知ることによって、そうした前漢代の姿は、よりいっそう生き生きと我々に引きつけられる形で身近に迫り、また前漢代中国を知ることで、現代中国への見方はいっそう興味ある形で深まるのである。

本書では、そうした観点から、『漢書』に記される人物の中でも、とくに筆者の興味を引いた個性の強い人物たちを取り上げ、論じてみたい。

1　漢代中国と『漢書』

漢代中国――模範としての時代

漢代中国は、外戚簒奪者王莽の樹立した新王朝をはさんで前漢と後漢とに分けられ、その繁栄は紀元前二〇二年～紀元後二二〇年の長きにわたり、またその領域も東は朝鮮半島、北はモンゴル高原、西は中央アジア、南はベトナムにまで広がった、最初の中華世界帝国と呼ぶべき超大国であるが、本書では、もっぱら前漢王朝を扱う。それはひとつには、私が専門とする時代という理由からでもあるが、それ以上に、司馬遷の『史記』、班固の『漢書』の名文とともに、後代に最も影響を与え、参照の対象とされた、いわばひとつの模範としての時代でもあるからである。

さらに私たち日本人にとって最も重大な理由であると私が思うのは、私たちの住む日本列島に関して残され、現代にまで伝えられている確実な情報の年代的上限が漢代であるということ、またその情報は、日本の考古編年で紀元前三世紀～紀元三世紀に位置付けられる、弥生時代と呼ばれる時代のことを伝えており、しかも弥生時代の盛衰は、じつに漢代の始まりおよび終わりと、まさにその軌を、ほぼ一にしているということなのである。

日本列島において、縄文時代と弥生時代とが、はたして連続していたか断絶していたか、はたまた継続的に変化したのかについては、現在もっとも議論が白熱している点だと思われるが、少なくとも文化の質が大きく変化を遂げたのがこの中華統一の時期の前後であったことに、異論を唱える人はないであろう。これを考えると、秦漢帝国による中国統一が周辺諸地域にも大きな影響を及ぼし、その文明の大波が、はるか東海の島嶼にまで達したことが、ありありとわかるではないか。

日本列島の各地には、組織的な水田水稲耕作が導入され、周囲の自然と切り離された人工的環境である環濠集落を作り、そこでは青銅器と鉄器の使用が始まる。しかもその環濠集落に建てられた高床の高楼や望楼は、まさに同時代の中国漢代の墓葬明器（副葬品）や画像石に見られる住居模型を髣髴させるのである。

私は北京大学に留学していたときに、福建省の漢代遺跡を見学したことがある。漢代の福建省は、「閩《びん》越」と呼ばれた越族の領域であり、いまだ中国に服属して日が浅い土地だったが、そこの漢代遺跡は、「県」とか「郷」とか「亭」という名称で呼ばれる、中国行政支配の末端機関だった。それは小高い丘の上に造られていて、城壁で囲まれた区域内は磚《せん》という敷瓦で舗装され、下水道設備まで整っていたことが、発掘により確かめられていた。

そこで私が思ったのは、この遺跡すなわち漢の役所は、周辺に住む「未開」の民にとってすれば、当時としてみれば、丘の上に屹立する、科学の粋を尽くした超高層ビルディングにも等しいものと見えたに違いないということだった。それはたしかに、周囲と隔絶され、文明の粋を凝らし、いわば泥の海の中に浮かんだ、まさに中国文明の「デポー」(集積所)であり、「ポイント」だったのである。

漢代中国と日本文化

そしてまったくこれと同じことが、弥生時代の日本列島にあり得たに違いない。吉野ヶ里をはじめ各処に開かれた環濠集落は、倭人に漢代中国文明の最先端情報を伝える、場合によれば一種の出先機関であったとすら見なしてもよいのではないかと、私などは思うのである。

このようにして日本に伝えられた漢代中国文化は、じつに日本文化の深い一つの源流を成し、それは後代、遣隋・遣唐使によって、六世紀以降、律令制度と仏教文化とを根幹とする、相当に北方化・ユーラシア化した中国文明が日本に導入されて、古来の文化を覆ってしまったときですら滅びずに、一種の地下水流のごときものとして、日本の生活文化に脈々と生きつづけた。

たとえば日本の和服は、高句麗や唐の影響を受けて宮廷服として採用された、丸首、詰襟、筒袖の北方民族服(いわゆる聖徳太子像を想起せよ)とはまるで違うものだが、その和服の起源は明らかに漢代の中国服にあって、後に律令制の束縛が緩むと同時に、地方の田堵名主《たとみょうしゅ》～武家層が身につけだした――というか復活させた――着物としてふたたび日本文化の上に現われ、それに由来して現在の形を取ったものだろう。

また、漢代の中国人は、各地より発見されている画像石や石刻壁画に見られるように、家の床に敷物を敷いて正座し、前に置かれた銘々膳に並んだ漆塗りの食器（「耳杯《じはい》」とか「羽觴《うしょう》」と呼ばれる、縁の両側に耳のついた楕円形の椀で、大小の入れ子になっている）から飲食しながら、しかも調理や演芸の実演つきで宴会を楽しんだが、こうした宴会風景は、現代日本の至るところの温泉旅館で、今夜も変わらず行なわれているではないか。つまり、中国本土では、五胡十六国の北方民族南下侵入の時代を経て失われてしまった漢代文化（日本でもまた北方文化の影響によって弥生時代は終わり、古墳時代へと入るのである）の伝統が、日本では今に至るまで保持されているのである。

したがって、漢代に限っていえば、日本人にとっては、むしろ現代中国人よりも、はるかにたやすく、そして違和感なく受け入れることができるだろう。そこで本書では、漢代に関する詳細な歴史学的説明は、他の史書や概説書や事典に譲ることとして、ここでは漢代に対して、直感的に、かつ瞬時に全容を把握できる方法をお教えしておきたい。

いささか乱暴だが簡単なことで、つまり、日本の江戸時代をイメージすれば、それがそのまま漢代だと考えればいいのである。同じような着物を着て、髪型も似ており、床に正座して生活し、役人（江戸時代の武士は、儒学を学び、士大夫としての教養を身につけた官吏である）は刀（前漢でいえば剣）を横たえ、法や文書を重視し（江戸時代は紙、対して漢代は木簡だが、考えれば昭和時代まで魚屋の注文帳は経木の札だった）、モラルやプライドの表現も大同小異で、人命を軽んじ、また尊重するその観点も、ほとんど同様である（処刑された人間の内臓を薬として珍重するところまで同じなのだ）。しかも前漢前半に大小の王国が取り潰《つぶ》されていく様子（漢は郡国制といって、郡県と王国をとりまぜた中央集権統治を行なったが、しだいに王国の独立権を奪っていった）は、徳川幕府が浅野や島津といった諸国諸大名を統制していくやり方と、なんら変わらない。だから、中国に行って、テレビで漢代の時代劇を観ると、日本人には江戸時代のドラマかと思え、逆に中国人が日本に来ると「なんと古臭い生活だろう」と仰天し、また江戸時代劇を観ると漢代のこととしか思えないというのは、まことに理由のないことではないのである。

『漢書』をひもとく

漢代というのはそういう時代であるが、そうした漢代の中国、そしてそこに生きた人々の姿を描き出しているのが、『漢書』であり、私たちはそれを知るために、もっぱら『漢書』をひもとくのである。いやじつは、平安時代以来、日本人にとって漢籍といえばまず『漢書』なのだから、つねに『漢書』を典拠とする日本の文化や政治や生活が漢に似ているのは、むしろ当然ではないかとすら思えるのである。

『漢書』は、世界史の教科書にも必須の知識として出てくるが、司馬遷の『史記』と並ぶ紀伝体の代表的な史書で、中国歴代王朝の公式記録を編纂した、世に言う「正史」の二番目に位置するものである。一番目はいま述べた『史記』だから、要するに前漢、後漢に編纂されたこの両史書が、後に「二十四史」、あるいは清史稿を入れて「二十五史」などと言われる歴代正史の模範ともなったわけで、しかも『史記』は漢以前の、つまり三皇五帝に始まる中国発祥以来の歴史をすべて含んでコンパイルされたものでもあるので、純粋に漢代のみの皇帝年代紀、自然・人文地誌、そして人物伝を記載した、いわゆる「断代史」としては、『漢書』が最初のものなのである。そうした点から考えても、漢代というのは、まさに中華帝国、そして中華世界のスタンダード・スタイルというものを作り出した時代だといえるのである。

こうした「歴史のスタンダード」を知る「正史」である『漢書』がいかなる書物かということについては、小竹武夫訳『漢書』全三巻（筑摩書房刊）の、橋川時雄・小竹武夫両碩学の周到な解説とあとがきにすでに尽くされているが、結論からすれば、『史記』が文学的、個人的であるのに対して、『漢書』が文章的、公式的であるというのが、大方の一致するところなのだろう。そこがまた、現代においては司馬遷の方がはるかに知名度が高くなってしまったひとつの原因でもあるのだろうが、近代的自我が発見されたり、それに基づく近代文学が出現する以前の東アジアでは、むしろ『漢書』が読まれ、規範とされたということもまた事実である。クールな叙述の中にも、憤懣、鬱屈、つまり「人間（ヒューマン）」は読み取れる（序章にも書いたように、漢代の明器の人物俑に笑ったものがほとんどないのは、漢代がいかに抑圧と恐怖に満ちた世界であったかということをありありと物語っていると、私は考える）。

だが難しい議論は別として、いずれにせよ『漢書』を読み進んでなにより私の驚くことは、日本でいうならば弥生時代に、すでに現代世界や社会と同じスケールで、政治があり、生活があり、人情があり、しかも種種の感想や感慨を抱き、それを表出し、行動した個人の姓名すらわかっているということである。そうしたナイーブな驚きを、まず心に持ちながら、『漢書』に現われてくる人物や、事件を、「恨みを忘れず自分の言い分を通す人々の群像」という観点から、私はひもといていきたいと思う。

2　人物序論——あくまで自己主張の人

「ヒューマン」な前漢代

『漢書』列伝、なかんずくそこに記される官吏たちの心性や態度を読むたびに、私は荒々しく、猛々しい心になるのを押さえることができない（じつはローマ皇帝伝を読んでもまったく同様なのであるが、これは本書の主題から外れるので割愛する）。人の生き死にをこのような観点で捉《とら》えて受け止めれば、人生や世界はまことにわかりやすく受け入れやすいものに変わるのではないか、という気持ちを押さえられないのである。一刀両断、果断、胸がすく思いがする。善悪がはっきりし、正しいものは正しく、悪いものは悪い。

私には、現代よりも前漢代の方が、そうした点で、はるかに「ヒューマン」だと思う。人を恨み、怒り、憎み、死ぬことも生きることも存在のフェーズのひとつだとしか考えず、だからこそ思う存分に生き、簡単に死ぬ。しかし死ぬ際には、自らの感慨と感懐を堂々と述べ、主張し、自殺する際でも見取る人々に囲まれながら慫慂《しょうよう》、悠然と死んでいく。もしも哀しむとすれば、人生のはかなさと、親しい人々に別れる辛さを哀しむのであって、死が消滅だから恐怖して悲しむのではないのである。そう、現代のように、冷たい医療器具が訳もわからぬ波動を気味悪く刻む中、全身に管をくりつけられながら死んだ前漢人など、一人たりともいないのだ。

そうした前漢人は、存分に自己主張し、行動し、死んだ。その例を、私たちは、前漢官僚が皇帝に諫言する光景中に、もっともよく見ることができる。


「血をもって車輪を汚し」


元帝《げんてい》の時の御史大夫（三公という漢代最高位の三大臣の中の一官名で、監察を司る）に、薛広徳《せっこうとく》という人がいる。学問も政見もともに持つ、気骨ある人物として出世した人物だが、永光元年（紀元前四三年）の秋、元帝が首都長安の城外にある先祖の廟に新酒を捧げに行こうとして、船に乗ろうとしたことがあった。もちろん陸路でもかまわないのだが、あえて皇帝は、この際、舟遊びをしながら行こうと考えたのである。

川など危険で言語道断《ごんごどうだん》だと思った薛広徳は、船着場に行こうとしている元帝の馬車の前に駆け出るとひざまずいて冠を脱ぎ、頓首（地面に額を打ち付ける礼）して言った。

「どうか橋をお渡りください！　もしもお聴き入れなければ、私は首を切り、その血でお車の車輪を汚して、陛下を廟に入れないようにさせますからな！」

ここのところを漢文で言うと、「陛下、臣《やつがれ》を聴かざれば、臣、みずから刎《くび》ね（剣を立てて自分の頸動脈を引き切る）、血をもって車輪を汚し、陛下の廟に入るを得ざらしめんかな！」となる。

自分の主張を通すためなら、命など何でもないのである。しかも皇帝とその祖霊に不祥で不浄の行ないをして、皇帝、皇室、国家をすべて嫌な気分にさせてまで、「自分が正義だと思う」ことを貫くのである。薛広徳は郷里ではひとかどの教育者として名を挙げ、柔和で温厚な人柄で知られていた人なのに、その人ですら、自らの意見を貫くためならば、皇帝に向かってまでこんな行為に出るのである。

当然、元帝は立腹する。一触即発の雰囲気のとき、先駆けを務めていた光禄大夫（三公の下、九卿の一つである宮殿宿営を司る光禄勲の属官）である張猛進が素早くとりなした。

「皇帝が聖なので、臣下が正しくなるといいます。船は危険で、橋は安全です。聖なる皇帝なら、危険は犯しません。御史大夫の言うことを聴くべきです」

皇帝の威徳が高いから、このような直言をする大臣も出る、その大臣の言を容《い》れることは皇帝の尊厳を高めこそすれ、貶《おとし》めることはないだろう――という、このとりなしによってようやく元帝は薛広徳の諫言に従い、陸路で行くことにしたのだが、それでもまだ、「そういうさとし方をしてくれればいいのに、あんなものの言い方があるものか――暁す人は、まさにかくのごとくあるべからざらんや――」と不機嫌だったのだった。

「折檻」の朱雲

また元帝の次の成帝の時代、朱雲《しゅうん》という人がいた。四十歳を過ぎてから『易』と『論語』を学んで頭角をあらわした人だが、もともと任侠好みの極道者で、その癖が抜けず、とかく目立つ振る舞いをして人に上回ろうとするので、周囲はみな煙たがっていた。ある人がかれを中央政府に推薦して、かえってそのことで断罪されたという、笑えない話も残っているほどである。

その朱雲があるとき朝廷に上書して、当時皇帝の師として尊敬されていた張禹のことを、あろうことか皇帝の面前で無能の佞臣《ねいしん》——尸位素餐——呼ばわりしたから、成帝は烈火のごとく怒って、「小臣め、殺しても許さんぞ!——罪死不赦!——」とどなった。控えの役人達が宮殿から引きずり下ろそうとすると、朱雲は「俺は死んだってかまわん、だがこの国はどうなってしまうんだ!」と叫びながら欄干にしがみついたので、とうとう欄干は折れてしまったのである(これが「折檻(つよくいさめる)」という熟語の起こりであるが、いまでは「暴力を用いてきつくしつける」意味になってしまっている)。

こんな自己主張の固まりのような人が七十いくつまで天寿をまっとうして、畳の上で死ねたというのがほとんど奇跡に近いと思うのだが、それには訳があって、怒り狂う成帝を前にして、当時の名将辛慶忌《しんけいき》が、冠とその位を示す印を外して——つまり免職、場合によったら死刑もいとわず——、額から血を流しながら叩頭して助命を嘆願したので、朱雲は助かったのである。

あるいは朱雲は、ほんとうに辛慶忌も認めるだけの器量を持っていたということなのかも知れないが、そんなことよりも、自己の言い分のためには宮殿の手摺まで折ったり、血まで流したりする、これら前漢人たちのほとんどナイーブと言ってもよいほどの我の強さの方にこそ、またもや私は驚くのである（これを倫理観の強さと見なしてはならないと思う。なぜならば、朱雲は県令として「残酷で、部下を示唆して罪のない者を殺させた」と、ちゃんと書かれている。かれもまた、気に食わない人間はぜったいに許さないという、前漢人の典型なのだ）。

ともかく朱雲は、この後、無官のまま田舎の先生として、皆から一目置かれつつ生涯を送り、育てた弟子は太守にまでなるのだから、出世欲をきっぱり断《た》った後は、ぎらぎらした自己顕示をすっかり捨て去った人格者として、自らを作り変えたようだ。死ぬときも寿命に逆らわずに医者も薬も断《ことわ》って、自分の体のサイズに合わせた小さな墓に葬られたというのも、その現われだったのかもしれない。いやそうではなく、これもまた、こうした自己顕示の強いキャラクターの見せた、最後のケレンだったのかもしれないと、私はさらにうがって考えたりもするのである。

3　朱買臣休妻――恨みを忘れぬ人々

覆水盆に還らず

中国戯劇の一種、昆劇(昆曲ともいい、京劇を含むさまざまな地方劇の源流の一つで、江蘇省南部に行なわれる)がかつて東京で上演されたさい、観に行ったことがあるが、そのときの出し物は、「朱買臣休妻《しゅばいしん》(朱買臣の離縁)」というものであった。朱買臣は前漢の実在の役人で、劇のストーリーは、いつになっても就職できぬ無能な夫の朱買臣に愛想を尽かした妻が三行半を突きつけ、復縁を願う朱買臣をすげなく袖にして出ていくが、後に朱買臣が出世したことを聞いた妻は後悔して、いまや朝廷の高官となった夫を訪ねたところ、朱買臣は水を湛えた大きな水盆を引っくり返して、「この水をもとに戻してみよ」という。妻は床を這いまわってこぼれた水を掬おうとするができるはずもなく、自分の愚かさをなげいて劇は終わり、これこそまさに「覆水盆に還らず」の喩えの起こりであるのだという(従来は、この故事は太公望に帰せられている)。

この劇の見所は、もちろん先ほど述べたクライマックスの場面であるが、それと同時に、件《くだん》の妻がみずからの先見の明の無さを悔やみながら机にもたれて寝入ってしまうと、夜半、家の門の外に「開《カアーイ》～門《メーン》」とかすかに呼ばわる声とともに、きらびやかな衣裳をまとった朱買臣が妻を屋敷に迎えるために入ってきて、妻は驚き喜ぶが、はっと目を覚ますとすべては空しい夢であったという幻想場面もまた、美しい腔《チアン》(節)とともに、この曲のもっとも有名な場面として知られている。

実直で善良な男を見限った軽薄で恩知らずな女が最後にはその報いを受けるという、いかにも男尊女卑で、現代のポリティカル・コレクトネスの観点からはぜったいに許されないようなシチュエイションの教訓劇である、この「朱買臣休妻」も、『漢書』に記されている現実の事件と比較してみると、恐ろしく朱買臣に都合よく脚色されてきているということがわかるのであって、実在の朱買臣は善良どころか、恨みを忘れない、芝居がかりの、じつに狷介でいやな男なのである。

「溝中に餓死するのみ！」

本章では、朱買臣をはじめとして、こうした恨みを忘れぬ官僚群像を見ていくことにしよう。

朱買臣は貧しい育ちだったが勉強好きで、四十歳を過ぎてもなお薪や柴を背負って歩きながら節をつけて本を読んでいたというから二宮金次郎も顔負けだが、あるいは尊徳翁は年少のみぎり、この故事を知っていたやもしれぬ。これに従う妻は恥ずかしいので止めてくれろと頼むが、朱買臣はますます調子に乗って早く誦むので、ついに妻に愛想をつかされ、「五十になったら富貴になっておまえに迷惑をかけないようになるから」と頼むも、妻に「あんたなんぞは金持ちどころか、せいぜいホームレスが関の山です（公等、終餓死溝中耳！　何能富貴⁉）」とののしられるところまでは、昆劇と同様である。

こうして男やもめになった朱買臣はますます悲惨で、実際にホームレス寸前のところまで追いつめられ、墓場で暮らしていたというから尋常ではないが、再婚した妻が新しい夫と墓参りに来て、それを見かねて家で食事をさせたという一幕もあったというから、よく考えればこの妻は、たとえ気は強くても人情のある人間なのである。

こんな朱買臣だが、ともかく上京して役人になるチャンスをつかむ。それは、年度会計報告使の一行に、車引きとして加わったからであった。当時の中国は、どんな人間でも宮殿の門（闕《けつ》という）で上書すれば、内容によっては抜擢の機会が与えられていたという点では、まるで御伽《おとぎばなし》噺かアメリカン・ドリームのような面がある。しかしたとえ一字でも用字用法が誤っていれば、そのことで罪を得て処刑されるのだから、まさに一攫千金の夢、いちかばちかの大勝負なのである。それに賭けた朱買臣は、やはり相当の自信家であったに違いない。とはいえ、上書に対していっかな音沙汰もなく、滞在費用も食料も底を尽き、ともに上京した小役人たちに片端から恵んでもらったというのが、いかにもまた朱買臣らしい。

さてさきに出世していた同郷の人、厳助《げんじょ》の引きで中大夫《ちゅうたいふ》（論議を掌る役人）になった朱買臣は、記載のないなにかの事件で連座して免職されたが、これも漢のシステムの面白いところで、罪が軽ければ、敗者復活のチャンスがつねにあるのであって、朱買臣は「待詔」というリストに載せられ、お呼びがかかるのを待つことになった。このときもまた、朱買臣は自分の郷里である会稽郡の郡邸（在京県人会館にあたる、郡の出先機関）に居候して、守邸（留守居役）に飯を食わせてもらっていたのだが、ほどなくして遂に出世の夢が実現する。東越（いまの福建省）討伐の献策が採用されて、朱買臣は一躍、郷里会稽郡の郡太守に任ぜられ、戦の準備を整えるよう命令されたのである。

水戸黄門ばりの場面

ところが、このあたりから、かれのゆがんだ一面——いや、真の性質かもしれない——が現われてくるように、私には思えるのだ。もっともこれには、武帝のことばも相当に朱買臣をあおりたてるにあたって力があったかもしれない。なぜなら、武帝はこんなことを言うのだ。「富貴不帰故郷、如衣繡夜行、今子何如？——出世しても国に戻らないというのでは、縫い取りのある服を着ても夜にしか出歩かないのと同じだとおもうのじゃが…」

だから故郷に錦を飾れ、どんどん自慢しろと言うわけで、だれはばかることのない皇帝のお墨付きを得たのだから、朱買臣としては、永年にわたって積もり積もったコンプレックスを一挙に払拭する、願っても得られない機会の到来ではなかろうか。

そこでかれは、こういうことをする。これはそのまま、『漢書』に出ているのだ。拝して太守になるや、買臣は故《ふる》き衣をきて、その印綬を懐にし、歩いて郡邸に帰る。上計のときに直《あた》り、会稽の吏はまさに相いともに群飲し、買臣を視ず。買臣は室中に入りて、守邸とともに共食す。食べ飽きて、ややその綬《くみひも》を見《あら》わす。守邸、これを怪しみて、前にその綬を引きてその印を見るや、会稽太守の章なり。守邸、驚き出て、上計の掾吏《えんり》に語る。皆酔いて大呼して曰く、「妄誕のみ！」と。守邸曰く、「試みに来たりてこれを視よ」と。その故き人でもとより買臣を軽んぜし者、入りてこれを視、還りて走り疾呼して曰く、「まことに然り！」と。座中、驚駭して守丞《もう》に白し、相い推排して中庭に陳列し、拝謁す。買臣、徐《おもむ》ろに戸より出ず。頃《しばらく》有りて、長安の厩吏、駟馬《しば》の車に乗りて来迎す。買臣、ついに伝に乗りて去る。

みすぼらしい身なりのまま屋敷に戻った朱買臣のことを、上京して飲み騒いでいる郷里の役人たちは目にも止めない。気心の知れた留守居役だけが、小部屋でかれと一緒に飯を食ってくれる。満腹した朱買臣は、そこでちらりと、太守の職権を示す印章を下げた組み紐を見せるのだ。

驚いて大広間に駆け込んだ留守居役は皆にそのことを話すが、「また例の大口叩きか！」というわけで、だれもまともに取り合おうとしない。だが留守居役が「とにかく見てくれ」というので、昔の知り合いが、相変わらず馬鹿にした様子で小部屋に入っていくなり顔色を変えて飛び出してきて、「おい、ほんとうだ、ほんとうだぞ！」と呼ばわる。一座は酔いも醒めはてて、上計の責任者である守丞をはじめとした役人たちは、太守を迎えるときの格式に従って（たとえ相手が朱買臣でも従わざるを得ないではないか）、中庭に居並び平伏する。そこに、いまや会稽郡の太守様としての威儀を整えた朱買臣が、しずしずと姿をあらわすのだ。

まるで水戸黄門ばりの芝居がかりの場面である。しかもまるでタイミングを合わせたかのように、そこに国家差し回しの四頭立ての駅馬車（要するに紅旗《ホンチー》かチャイカだと思えばいい）がやってくるとは、いくらなんでもストーリーができすぎだ。功成り名を遂げた朱買臣の得意な心中は、察するに余りある。

教訓話とは程遠い顚末

これだけならば、あっけにとられた小役人たちを後に残して番組はハッピーエンドなのだが、話はこれでは済まず、ここではじめて、例の「休妻」譚となる。

故郷会稽郡では、新任の太守がお国入りするというので、百台あまりもの迎えの車を仕立て、そのため住民を徴発して道路整備にあたらせた。その中に、朱買臣の元の妻と、その現在の夫も含まれていたのである。ついに車がかれの生まれ里にさしかかると――かつてホームレスと疎まれたこの俺が、いまや人もうらやむ太守様だ、ついに見返してやれた――、ふと見れば道端に、まだ工事用具を手にした、元の妻とその夫が平伏しているのが目に入った。「ああこれこれ、車を止めよ」朱買臣はもったいぶって言うと、ふたりを後ろに続く車に乗せるよう命じた。そして太守邸の庭園の一隅に住まわせて、食事を与えるように手配したのである。

この後の記述に、朱買臣は昔の知り合いをみな食事に呼び、親切にしてくれたものには恩返しをしたとあるから、朱買臣にしてみれば、かつて墓地で餓死しかかったときに食事を恵んでくれた元の妻とその夫に対して、感謝をしたつもりだったのかもしれない。

だが一箇月後、元の妻は首をくくって自殺したのだった。

考えてみれば、見切りをつけた元の亭主が出世の頂点に立って戻ってきただけでなく、その男におためごかしに養われながら、栄耀栄華のさまを連日見せつけられて、自分の眼鏡違いを毎日思い知らされる、そんな境遇に置かれたら、まともな神経の持ち主なら、恥辱のあまり自殺しても無理ないのではないだろうか。朱買臣はもちろん、今の夫に対して葬式代を出してやりはするのだが、かれの心の中には、かつて自分を捨てた憎むべき妻に対する恨みと応報の心が、はたしてなかったか否か。また知り合いたちに恩を返したといっても、そこには自己顕示の心が、はたして潜んでいなかったか否か。「朱買臣休妻」の実話は、教訓話とは程遠い、このような顚末に終わるのである。

朱買臣の恨みの心の深さは、その後のかれの人生にも見られ、以前は下役であった張湯《ちょうとう》が御史大夫に出世してかれの上に立ち、昔の関係を無視するような態度を取ったことから、朱買臣は張湯（この人がまた、人を人とも思わない天才エリート官僚の典型なのだ）を告発して自殺に追い込むが、これが災いして、結局は自分も武帝に誅殺されてしまうのである。

ともかくかれは、おそらく第一級の学者であり、また官僚政治家でもあったはずなのに、恩に対して恩（ということは逆に恨みに対しては恨み）という、単純な形でしか人間関係を持ち得なかった、いかにも前漢人の典型であったと、私は思うのだ。

「死灰、また燃えざるや」

前漢官僚の浮沈の激しさは、朱買臣の事例からもある程度わかっていただけるかと思うのだが、それと恨みの心、そして人に優越したい心とが合わさると、いったい、どんなことになるか。

前漢盛期の名皇帝、景帝の弟である梁の孝王の中大夫に、韓安国という人がいた。知略に富み、誠実な人柄で知られて、後には中央で丞相にまで出世する人材だが、一時罪に問われ、懲役させられたことがあった（それにしてもいつも思うのだが、なぜ前漢の世界では、これほどソツのない振る舞いの人ですら、簡単に「法に坐す」羽目に陥ってしまうのだろうか）。ここでまた愚かな話だと思うのだが、どのみちわずかのあいだ囚人であるに過ぎず、かならずまた抜擢されて地位と身分を回復することが容易に予想される、このような人物を侮辱する獄吏がいるのである。韓安国はかれに警告する。

「死灰、また燃えざるや――灰の下には燠火《おきび》があるものだぞ、俺が復活したらどうするのだ――」

だが獄吏は、得意満面でせせら笑う。「燃えればすなわちこれに尿《いばり》す――そしたら、小便をかけてやるよ――」と。たった一時の優越感を味わいたいばかりに、自分の行使し得るかぎりの権力を、たとえそれがどんなにちっぽけなものであったとしても、最大限に振りかざすのである。

案の定、韓安国はすぐに許されて、二千石の秩禄の大官に任命される。たちまち逃げ出した獄吏に対して、韓安国は「もし自首してこないならば、一族を滅ぼすぞ」と脅すのだ。だいたい、こうなることはわかっていながら、どうしてこういう行ないをするのだろうか。しかも韓安国ほどの人物でありながら、やはりこちらの側も、こうして報怨ということを忘れないのだから、さすが前漢人というべきだ。

まあこの場合は、やむなく出頭して肌脱ぎになって謝る元獄吏に対して、韓安国は笑いながら「お前さんなど、まともにとりあうまでのこともない」と度量を見せて許してやるから大事に至らないが、そうではない場合も、また存在する。

「飛将軍」李広ですら

武帝即位ごろの対匈奴戦争の名将李広は、弓の名手で虎と思って石を射抜いた、「漢の飛将軍」として有名である。その李広も戦運には恵まれず、ある戦役で匈奴の捕虜となって脱走し逃げ帰ったのだが（これがまた、ジョン・フォードの西部劇顔負けのアクションで、傷つき戸板に乗せられて護送されていた李広は、隙を見て横にいた匈奴の少年の乗馬に飛び移ると一散に走らせ、追ってくる数百騎の匈奴を、少年から奪った弓で次々に射殺しながら逃げ去るのだ）、その過失で軍法会議にかけられて死刑にされるところを、将軍身分の剥奪と引き換えに許されて庶民になったことがあった。

ある晩、李広は友人と田野で酒を酌み交わした後（モンゴルでは今でもこれが日常のことで、夜のドライブでは、よい景色のところに差しかかるつど車を停めて、星や月を愛でて歌を歌いながらウォトカの杯を廻すということを、現に私も昨夏経験した）、町外れの亭（交番にあたる）まで戻ってきた。すると、その地域を統轄する、覇陵《はりょう》の尉《い》（署長にあたる）が亭にいて、これも酔っているらしく、しきりに難癖をつけてからんでくる。おともの騎兵（李広が庶民になってもなお仕えていたのだろう）が、「この方は、元の李将軍ですぞ」と言うと、尉はますます居丈高になって、「今の将軍だって夜出歩いちゃいかんのに、なんで元将軍ができるんだ」と怒鳴り、なんと李広たちを、亭に一晩留置してしまったのだった。酒臭い息をして、赤い顔で目の据わった小役人が、以前の貴人をねめつけながら、ここを先途とばかりに小権力を振りまわして快感を味わう、いやらしい光景がまざまざと浮かんでくる。

ほどなく匈奴が侵入し、李広は右北平という辺郡の太守（軍事司令官でもある）に任命された。そこでまず李広のやったことは、このかつて自分を侮辱した覇陵の尉に対する復讐だった。わざわざ武帝に、件《くだん》の尉を自分の軍に異動させる人事を奏上して許可を得た上で、軍中で斬る、つまり将軍としての権力を行使して死刑にしたのである。かれの恨みの深さがいかばかりであったか、このことからよく知れるではないか。

李広といえば温厚篤実な人柄で慕われ、『漢書』のかれの列伝の賛には、かれの姓とその朴訥さに引っ掛けて「桃李言わずとも、下おのずから蹊《こみち》を成す」という諺を引いてその人徳を讃えているほどの人格者であった——はずである。その李広ですらこういうことをするのだから、他の人は推して知るべきであろう。

名知事もまた

またもうひとり、宣帝の時代の名京兆尹《けいちょういん》（首都知事）に、張敞《ちょうしょう》という人がいる。漢の国勢がしだいに衰え、首都長安の治安も少しずつ乱れはじめてきていたこの時期、巧みな施策で首都の安全を維持し続けたことで知られる人物である。この人は基本的に人柄が軽く（「材軽」と友人に評され、重臣になれぬままで終わっているが、そのためかえって畳の上で死ねたのかもしれない）、面白い逸話が残っていて、朝廷での会議を終えて仕事が引けると、車でダウンタウンをドライブさせて、うちわで馬を叩きながらすっ飛ばす。もっと露骨なのでは、夫人の化粧のときに眉を描いてやっているというゴシップがどういうわけか知れわたり、「京兆眉憮——知事の眉好き——」と世間で囃されれた。当然その筋の部門に睨まれ、張敞は弾劾されるが、宣帝の前で答えた張敞の言いぐさが、これまた人を食ったものだった。「臣《やつがれ》聞くならく、閨房の内、夫婦の私《ひそかなる》には、眉を畫くに過ぐるものありと——だれだって、夫婦の寝室《プライベートルーム》では、それどころではないでしょう——。」
こんな答弁を、国家の公式記録書の頂点に立つべき正史に、コンパイルするさいに残しておく古代人の神経も神経だと思うが（もっとも大真面目でヒグマと高速道路について小一時間も論難する現代政治家も大したことは言えないのかもしれないが）、ともかく毒気を抜かれた宣帝は、もはやそれ以上、張敞を責められずに終わったのだった。

「五日の京兆、ついに如何⁉」

まあこれだけなら張敞も、有能だが変わり者の知事さんだったな、というだけに終わるはずだが、やはりなかなかそうではないのであったということが、この後の記述に書いてある。
大逆罪で誅殺された光禄勲の楊惲《ようらん》（第8章に登場する）という役人と親友であったことで連座した張敞は、当然、京兆尹の役職を罷免されるものと皆が思っていたが、かれの才能を惜しんだ宣帝は、まだその罷免人事を裁可してはいなかった。そんなとき、たまたまある事件が起こり、張敞は部下である賊捕掾（盗賊改め方）の絮舜《じょしゅん》に取り調べを命じた。ところが絮舜は仕事をせずにこっそり帰宅してしまい、いぶかしがられると、「吾《わ》れ、是の公のために尽力すること多き矣《かな》。今や五日の京兆のみ。安《いずく》んぞ能《よ》く復《ま》た事を案ぜんや」と、寝転がったまま言ったのである。
——もうさんざんはたらかされたんだ、どうせ五日もすれば罷免されるのに、なんでわざわざ苦労しなきゃならないんだ――。

なぜだれもかれもこんなに軽率なのか、まったく理解に苦しむのだが、ともかくこの、人をレイムダック呼ばわりする「五日の京兆」発言を聞いた張敞は、烈火のごとく怒った。すぐさま絮舜を引っ捕えて訊問し、無理やり死罪だということにしてしまう。しかももはや春月にはいり、規定によれば冬季判決の有効期限が切れているはずなのに、それにもかかわらず絮舜を棄市――首を市場に晒し、屍《しかばね》は肉屋で売ってしまう――して、それでも飽き足らずに、絮舜自らの言葉を使ってこう書いた判決文を、処刑の直前に、引き据えられた絮舜の耳元で読み聞かせるのだ。「五日京兆、竟何如!?　冬月已尽、延命乎!?――五日の京兆《レイムダック》の権力がどんなものかわかったか、よくも面子をつぶしてくれたな、立春だろうがなんだろうが、許さんぞ――」

のちに自分の行為を弁明した書類の中で、張敞はなおこの「五日の京兆」という絮舜のことばを引用して、元の部下を「背恩忘義」だと罵っており、怒りと恨みがどれほど深かったかがよくわかる。そして「不正な裁判で、非合法に無実の人間を賊殺（身体を切り落として殺す）したことは重々承知、けれどもそのことで死刑になっても後悔しません（死無所恨）」とまで述べているのである。

テレビ番組の江戸町奉行、遠山の金さんや大岡越前のごとく、市井の機微に通じた家庭人だったように見える、軽いキャラクターの張敞ですら、一皮むけば、こうして恨みを忘れぬ、自侍のためなら命も投げ出す、激しい前漢人なのである。

4　漢代官僚操縦法

強烈な「構造改革」

バブル経済破裂以後の、わが日本国の「システム」的土崩瓦解の進行には、目を覆うばかりのものがある。それを見ていると、まずは実体経済の凋落に始まったものが、すぐにその実体を支えている人的素材に波及し、それはまた人的素材を適切に運用すべき組織の制度疲労と腐敗の発覚となって、それまでは相互信頼と扶助の確信に満ちていた日本社会の構成原理を、根底から揺るがした。しかもその疲労と腐敗は、地方自治体から、わが国を運営していかねばならぬ国家の行政諸組織に至るまでをすでに蝕んでおり、いま思い出すだけでも、大蔵省（当時）にはじまり、厚生省（当時）、外務省、それに農水省と、枚挙に暇がない。

しかも何よりゆゆしき事態になったと私が思ったのは、最も高潔な倫理観を持たなくては勤まらぬ職業に携わる人材、つまり、教師、警察官、検察官、そして裁判官にまで、その弊が及んでしまったことだった（さらにもっとも近々には、人の口に入る食品を扱うある会社による、あの事件を考えよ）。

しかし考えてみれば、社会倫理というものは、その社会を支えるべきシステムが万全に機能しているかぎりにおいて成り立つという相対的側面を多分に持っているから、システムへの信頼が失われれば、倫理観もまた失墜するのも無理からぬことかもしれない。だが一方では、システムは本質的に自己保存と復元のメカニズムを備えるものであり、腐敗段階においてはそれはしばしば、既得権、利権、フリンジ・ベネフィットなどというものへの固執、改革への抵抗として現われ、いかな変人宰相の獅子吼といえども、なかなか歯の立つものではない。

私は別に、現今「抵抗勢力」呼ばわりされている集団ないし組織《システム》が、国家の進路に対して確信犯的サボタージュをしているなどと言うつもりは毛頭ないが、いずれにせよ、本来、「手をかけ、維持管理し、更新していく」という積極的意味を持つはずである「保守（メンテナンス）」という概念が、いったんそうした既得権と結びつくと、たちまち陋習への執着と化すということの社会的力学は、だれしも認めざるを得ないだろう。

官僚組織の確立されている前漢代においても、この力学は、きわめて鮮明に現われる。いや人格がナイーブな前漢代では、その出方は、いっそう尖鋭かもしれない。そして前漢代にあっては、既得権にあぐらをかいて抵抗する旧組織・旧勢力を一掃するそのやり方も、はるかに果断、極端かつ強烈だった。もしこのような方法が現在でも通用するのならば、「構造改革」とやらもまことに簡単に実現するのかもしれないが、それはともかくとして、本章では、前漢代士大夫・政治家が、官僚組織をいかに操縦したかを見ていこう。

「伉俠好交」の朱博

私が最も印象深いのは、朱博《しゆはく》という人である。もともと極道的気風の持ち主で――「伉《おとこ》俠《をたて》、好《まじわりを》交《このむ》」とある――、基本的な行動原理は「恩義の貸し借り」でしかない。

そんな人間なので、自分の親友の陳咸《ちんかん》（これがまた、権力の行使が目的のような酷薄な男なのだ）が投獄されたのを知るや、すぐさま官吏を辞職し、命を的にして廷尉の獄（検察拘置所）に忍び込んで様子を探るようなことまでする。それで、陳咸が厳しい取り調べで(この時代、投獄されれば自動的に笞打たれて強制的に自白に追い込まれるのだ）死にかけていることがわかると、今度は医者に化けて往診すると見せかけ、陳咸から詳しい事情を聞き出す。そしてついには名前を変えて自首し、数百回も笞打たれながら、自白するという形で陳咸の事情を説明して、とうとう陳咸の死刑判決を減刑させるのに成功するのだ。しかもこのことによって朱博の評判は逆にひどく高まるのだから、いくら正史の記述とはいえ、こうなると前漢代の印象は、ハリウッド映画でもいささか採用をためらう脚本のごとき様相を呈してくる(とはいえ、こうした離れ業はどうやらポツダム宣言受諾のさいにもあったらしいから、ほんとうに世の中、なにも変わらないものである)。

ともあれ朱博は、そうした「さあ殺せ」タイプの直情型極道者で、出世してからも、それは変わらなかった。かれの列伝には、「博、人となり廉倹、酒色・游宴を好まず。微賤より富貴にいたるも、食は味を重ねず、案（つくえ）上には三桮《はい》（さかずき）を過ごさず。夜《おそ》く寝《やす》み早く起き、妻も希《まれ》にのみその面《おもて》を見る。一女あり、男なし。然れども士大夫を好み楽しみ、郡守・九卿になるや、賓客、門に満つ。仕宦《ママ》を欲する者はこれを薦挙し、仇怨を報ぜんと欲する者には剣を解きてもってこれに帯す。その事に趨《おもむ》き、士を待すること、かくのごとし。博、これをもって自ら立つ」とある（もっともこの後にすぐに続けて、「然れどもついに用いて敗れる――だから失敗したのだ――」とあって、意外にもかれは、けっして高い評価は得ていないのだ）。

しかもこうした豪毅な親分肌だけあって、朱博は人情の機微にも通じており、たくみに部下を心服させた。しかも朱博は、長年の人生経験のなせるわざか、その場で事情を的確かつ果断にさばくこともまた得意で、とくにその能力は、新任のかれが、初対面の下僚たちをその場で恐れ入らせる魅力的な場面に、ありありとあらわれる。

老従事のたくらみ

まずかれが、冀《き》州の刺史（州部としてまとめられている諸郡を巡視監察する役人）となったときのことである。さっそくある県を訪れた朱博は、ふとあたりが騒然としているのに気がついた。何事かと窓から見ると、役所の門に通じる道に、数百名にのぼろうかという人数がつめかけて、気の早い者たちはもう敷地の中にまであふれかえり、口々に「聞いてください、報告します、申告します」と叫んでいるではないか。すると、接待に出ていた、もう年配で叩き上げの地元の従事（下役人）が、揉み手をしながら言う。

「いやどうも、えらい騒ぎになりまして、なにぶんまずは、申告すると申しておりますからには、みなお調べになってから御立ちになられるのが宜しいかと……」（これを当時の用語で「自言」といい、自白調書のことを「自言爰書《えんしよ》」と呼び、また公式報告書には「昧死言〈死罪を覚悟して報告します〉」や「敢言之〈敢えて報告します〉」などとつける形式となっていた。つまりお上にもの申すなどとは恐れ多くて憚られるという建前だったのであり、だからこそなおのこと、これほどの自己申告者をだすという騒ぎは、新任刺史にとっては進退がかかった責任問題の大失態になりかねないわけである）

老役人の愛想笑いの裏にあるものを、たちまち朱博は見抜いた。俺の瀬踏みをしようったって、そうはいかんぞ。まごつくだろうなどと思ったら、それこそ大間違いだ。

そこで朱博はただちに車を回させ、従事を連れて、役所の外の空き地に出た。馬車から身を乗り出した朱博が、老役人の耳に口を寄せて何事かささやくと、老役人はたちまち顔面と身をこわばらせ、取り囲む有象無象に、黄色い声で叫ぶ。

「県の行政に対する苦情ならば、郡に申告せよ。郡の行政に対する苦情ならば、巡視の後で刺史殿の役所に参れ。冤罪、盗賊、訴訟に関する苦情は、それぞれの部門が取り扱う！」

いままで騒いでいた群衆はたちまち静まり、茫然として刺史と従事を交互に見比べていたが、やがて肩を落としながら一人去り、二人去り、そうしてついにその場に残っているのは朱博の乗った馬車とその別当、そして顔をしかめて立ちつくす老役人だけになっていたのだった。

こうして業務範囲と責任範囲とをたちまち明確にした朱博は、見事に土地の人間の鼻を明かしたわけだが、新任の上司を罠にはめた下僚を、もちろん前漢人である朱博が許すはずもなかった。

「この後、博、徐《おもむ》ろに問うに、果たして老従事、民に聚会するを教えき。博、この吏を殺し、州郡、博の威厳を畏る」というわけで、朱博はただ首をすくめてキャリアの一階梯でしかない任地を通りすぎていくエリート官僚とは、どだいたまが違うのである。また逆に、これくらいすれば、日本の官僚とて本気で動くのではないか。ことほどさように、前漢官吏は命を的の勤務なのである。

「白巾、府門を走り出ず」

朱博の肝の据わりようは、これだけではない。その後順調に異動を重ねた朱博は、斉郡の太守となって赴任した。

ところで斉郡は現在の山東省にあたり、かつて太公望呂尚が封ぜられた地である。『漢書』地理志も参照してその地域の特徴をまとめると、黄河の最下流域ということもあって土地は塩分を含み、そのため太公望は農業よりは漁業、製塩業、また織物などの手工業といった産業を主として振興させたといい、したがって流通経済も発展した。そうした土地柄ゆえか、斉郡を一言で表わすキーワードは「舒緩（のんびり）」であり、しかも太公望以来、「道術を修め、賢智を尊び、功あるを賞す。故に今に至るまでその土（士？）は多く経術を好み、功名を矜《ほこ》り、舒緩闊達にして智に足る」（地理志）という、こせこせしない為政エリート養成の風潮があった。だがこれは、裏を返せば鼻持ちならない傲慢人士を生み出すということでもあり、「その失は、夸奢にして朋党し（高慢ちきで、ぐるになって人を除け者にし）、言《ことば》と行《おこない》は繆《びゆう》し（くいちがい）、虚詐して情《まこと》せず、これに急《せま》れば則ち離散し、これを緩めれば則ち放縦す」（地理志）、つまり自分たちの気に食わない人間に対しては、嘘をついてまで仲間外れにして自分たちの利益集団からいじめ出そうと画策し、それを咎められればさっと非協力な態度に出るというわけで、まるで最近世を騒がせた、どこかの中央官庁とその元大臣との確執を見るような具合だといえば、少しは理解がいくかもしれない。

前漢代にもこの習俗に変わりはなかったようで、新任太守となった朱博が初日に登庁してみると、上級役人たちがひとりも出勤しておらず、その代わりに、病気欠勤届が机に積み上がっているではないか。朱博はすぐに、当直の担当者を呼びつけた。すると、とってつけたような笑いを浮かべて出てきた当直担当は、慇懃無礼に平然と言い放つ。

「いや、恐れ入りますが、昔から、中央の方があらたに赴任されたときは、使いを遣ってねんごろに挨拶をしてやるというしきたりですので……。ですからそれが、業務のはじまりということで、はい――惶恐。故事、二千石新到、輒遣吏存問致意、迺敢起職――」

――わたしたちの扱い方によっては、協力しませんよ――さあこれを聞いた朱博は怒るまいことか、頬をぴくつかせ、髭も震えながら、机を叩いて――奮髯・抵几――どなった。

「斉の青二才めら、いままでこんなやり口をしておったのか！――観斉児欲以此為俗邪！――」

そこで朱博のやったことは、当然ながら果断だった。すぐにその病欠(と称している)上役どもの部下、そして郡の下部行政単位である県の上級職を召集して面接した上で、すべて上級職に補任し交替させたのだ。

あっという間の「全員免職」である。まさかこんな処断をされるとは、斉のエリートたちは、予想もしていなかっただろう。この後に、『漢書』には面白い記述があり、「白巾走出府門、郡中大驚」とあって、どうやら免職を言い渡された者たちは、その印として、白い頭巾をかぶせられて役所の門から追い出されたらしい。

見事に鼻柱をへし折られ、白い巾《きれ》の端で、恥ずかしさのあまり顔を覆いながら通りを走っていく、何人もの元エリート官僚たち。そしてその姿を仰天して見守る、町の人々……。テレビのワイドショーでも、とうてい望み得ない場面ではないか。

欲はなく、人情に通じ、頭がよく、剛毅なこの朱博も、しかし結局は人を見損なって、下らぬ人間に「男一匹の義理立て」をしてしまい、最後は自殺に追い込まれてしまう。そこで『漢書』の賛は、かれについて、人生の応用問題ばかり得意で正道を学ばず、取るに足りない人物だったと厳しい評価を下しているのだが、特権エリートたちの天狗の鼻を折り、これだけ果断な大掃除ができるのだから、私としては、この評価はいささか辛口で、気の毒すぎるような気もするのである。

廃帝昌邑王のスキャンダル

次に、簡単ではあるが見ておきたいのは、前漢一代を通じて最大のスキャンダルであったと思われる、昌邑王《しょうゆうおう》の事件である。第6章と第8章でも触れるが、この事件こそ、皇位継承をめぐって、前漢王朝の屋台骨を揺るがしかねないお家騒動だった。

武帝の次の皇帝である昭帝は、世継ぎの皇太子のないまま崩御した。当時の朝廷の事実上の最高実力者および最高権力者にして最高指導者だった——鄧小平のようなものである——大司馬大将軍霍光《かくこう》（武帝治世、対匈奴戦役に不敗を誇った夭折の英雄である驃騎将軍霍去病《かくきょへい》の異母弟として出世し、武帝の遺詔によって昭帝を輔佐した大政治家）は、武帝の孫にあたる昌邑王（昌邑国は現在の山東省の西端にあった）の劉賀を、次の皇帝に擁立しようと考えた。そこで、太后（昭帝の皇后）の詔書を下すという形で合法性を整えて、まず昌邑王を喪主に任命した。こうして、皇位後継者としての正統性を確保したわけである。

だがここから、愚かな昌邑王は、あまりに喜び、はしゃぎすぎた。皇太子として葬儀を執り行なうために領国を出て都へと向かっているはずなのに、まるで物見遊山の態《てい》で繰り込んだ。二百人あまりの家臣を引き連れ、その用馬が死ぬと、道端に乗り捨てる。途中の町では、下らぬ買い物をする。道中で目をつけた女性を、車に引き入れる。

そうしてついにみやこ長安の門まで来ても、礼法の定める哀哭もしないし、即位してからも喪に服すどころか、酒を買い、肉を食べ、歌舞音曲にふけり、はては女官や動物と戯れた。要するに、後からでもゆっくりと味わえる権力の楽しみ、しかもまったくうわべのものでしかない虚栄に、こらえきれずに先に手を出してしまったのである。

しかもそれにもましてまずかったのは、昌邑国から連れてきた家来の役人ばらまでが、もはや自分たちの天下、国政はわれらの意のままとばかりに、傍若無人に振舞いはじめたことだった。

霍光の宮中クーデター

昌邑王がとんだ眼鏡違いの人物だったのもさることながら、むしろこの事実、つまり次期皇帝をふたたび傀儡《かいらい》にできなくなるという、自らの権力の危機に大いに衝撃を受けた霍光は、当然のことながら、宮中クーデターを準備する。腹心の部下である田延年《でんえんねん》の助けを借りて廟議の一本化に首尾よく成功した霍光は、皇太后の承諾も得てふたたび合法性を確保した上で、いよいよ昌邑王追い落としの舞台を整えはじめた。

手始めは、昌邑王と、その家臣二百余名とを切り離すことである。「霍光金日磾伝《かくこうきんじつてい》」には、こうある。

皇太后、すなわち車駕して未央宮の承明殿に幸《みゆき》し、諸《もろもろ》の禁門は昌邑の群臣を内《い》るること毋《な》かれと詔す。……王の入るや、門、閉じ、昌邑の群臣、入るを得ず。王曰く、「何為《いかん》？」と。大将軍、跪いて曰く、「皇太后の詔に、昌邑の群臣を内《い》るること毋《な》かれとあり」と。王曰く、「徐之《ゆるめよ》。何《いず》くんぞ迺《すなわ》ち、人を驚かすことかくの如しや――なにもそんな、きりきりしなくてもいいでしょう、ああびっくりした――」と。光、昌邑の群臣を尽《ことごと》く駆《お》い出して金馬門の外に置く。車騎将軍安世、羽林の騎を将《ひき》いて二百余人を収め縛り、みな廷尉の詔獄に送れり。

気楽に朝のお目通りに来ただけのつもりだった昌邑王は、まだのんきに「ぼくの家来たちは、なんで大将軍につかまんなきゃいけないのかなあ」などと言っていたが、皇太后のお召しだと聞いて、ようやく不安になってきた。――我、安《いず》くんぞ罪を得て、我を召す哉《や》……？

恐るおそる承明殿（これがまた、天子が儒者や学者を引見するためにあるという、昌邑王を「倫理面から」問責するには、うってつけの建物ではないか）に進み入ると、皇太后は盛装して、武帳という、武人像を織り出したとばりの中に坐り、親衛隊は戟《ほこ》を立てて中庭に立ち並ぶという物々しさ。もはや王が、実力で帝権を剝奪されることは、疑いようがない。その間にも宮殿には、こわばった顔の大臣たちが続々と着座し、そのざわめきがようやくおさまった頃合いを見はからって、昌邑王は帳の前に平伏するよう促され、荘重で長々とした告発文が読み上げられはじめた。

まず最初に、告発文に連署した大臣たちの名が延々と続き、それが終わると、あの「昧死言」という決まり文句の後に、いよいよ昌邑王の犯した罪過がリストアップされていく。帳《とばり》の中の皇太后の様子を窺い知ることはできないが、若い王の顔はしだいに引きつり、冷や汗が噴き出し、首はうなだれ、うつむいていく——ここまで調べ上げられているんだ——。そしてしだいに告発が進み、「亡くなった陛下の後宮の宮女である蒙らと淫乱し、後宮の役人に、もしこのことを漏らしたら腰斬すると言い……」というところまで来た瞬間、

「止！」と、たまりかねた皇太后が、帳の向うから一喝した。あとはくぐもった声で、

「為人臣子、当悖乱《はいらん》、如是邪⁉——人としてこんなに乱れるということがありましょうか⁉——」

昌邑王は転がるように円座から降りて這いつくばった。

「当断不断、反受其乱！」

こうしてわずか二十七日の皇帝は、「愚戇《おろか》にして、漢事に任《た》えず」という悔恨のことばを残して廃位され、領国の統治権も奪われて国許へ帰されたのだった。そしてその後継には武帝の曾孫、

後の諡号でいう宣帝を立てて、これで一件落着——とはいかなかった。

昌邑の群臣、輔導の誼《よろし》きを亡《うし》ない、王を悪に陥らせしに坐し、光、二百余人を悉く誅殺す。

将来を約束されたはずであった年若い王の進路を誤まらせたのは、その臣下である。よって許すことはできない。霍光は、こうして昌邑王の家来たちに責任を押しかぶせて、クーデターの始末をつけたのであった。

しかもそれだけではない。西域シルクロードへの通路、武威《ぶい》・張掖《ちようえき》・酒泉《しゆせん》・敦煌《とんこう》四郡のオアシスをつなぐ河西回廊(現在の甘粛省)の、さらに北方に延びる長城烽燧線の城塞址から出土する前漢代の木簡文書(木の札に書かれた行政書類)、いわゆる居延《きよえん》漢簡の中からは、昌邑国の戸籍を持つ駐屯警備兵の名簿が、多数発見されているのである。これはもちろん、愚かで軽率だった昌邑王の失敗のとばっちりを食って辺境追放の憂き目を見た王国領民たちの、逆らいようのない哀れな運命を示すとともに、亡国の民の恨みを残すという後顧の憂いを断とうとした霍光の、権力保持に対する恐ろしいまでの執念を見せる、生きた証拠といえるだろう。

さてこの悲喜劇《トラジコメディ》のおしまいに、処刑のため市場に引き出された昌邑の群臣たちは、口々に心残りの恨みを呼ばわったが、そのセリフがふるっていた。

出死し(処刑のため監獄から市場へ送られること)、市中に号呼して曰く、「当断不断、反受其乱!——まさに断《さだ》むべきを断めずして、反《かえ》りてその乱《おさ》めを受けき!——」と。

不決断ゆえ反対に処分された、つまり、せっかく握った権力を確実に行使しなかったので、逆にその隙を霍光につかれてやられてしまったのだ——と、かれらは最後に訴えかけたのである。『漢書補注』に引く、何焯《かしやく》の意見では、昌邑王の家来たちは実際に権力奪取の陰謀をめぐらしており、それを察知していた霍光が、見せしめとしてこの二百余人を皆殺しにしたのだというのだが、そこまでうがって考えなくても、権力の行使を安全、完全そして有効なものにするためには、これぐらいの非情さは、今も昔も、むしろ当然のことなのかもしれない。

アメリカでは、大統領が交代するたびに、その政権の主要スタッフ（つまり官僚たち）の大半の首がすげ替えられ、それはときには「大虐殺」などと呼ばれたりすることがあるようだが、二千年前の前漢代にもまた、そうした「馘首《かくしゆ》」が、それも修辞ではなく、文字通りの意味で行なわれていたのである。

平成日本社会が直面し苦吟しているモラルやシステムのさまざまな「崩壊」は、前漢代のような措置がむしろ必要なのではないかとすら思わせるほどのものであるが、朱博や霍光のような漢代人がもしも蘇《よみがえ》ってこの惨状を目にしたならば、かれらははたしてなんと思い、なんと言い、そしてなんと行動するであろうか。

5 酷吏群像——流血すること数里

ルサンチマンを抱く「酷吏」たち

新ミレニアム、新世紀に突入しても、前世紀末以来の、怒りに満ちた感情が収まらないのには、われながらあきれ果てるしだいである。

もっとも、その怒りは、卑劣な政争に対するものもあるとはいえ、せいぜいが駅のマナーポスターの範囲を出ない程度のものが大半であるというのも事実だが、ともかく、軽薄なる風潮ばかりが優勢な昨今、なにかに怒りを向けたいという心持ちが自分の中にあるということは、正直に認めねばならない。

しかし自己弁護するわけではないが、たとえ小さなものであれ、こうした怒りの念が人々の間に積み重なったとしたら、その結果は、大は戦争から小は街角の犯罪にいたる、恐るべき事態を招来するのではないか（前漢代なら、こうした考え方はごく一般的だ）。超高層ビルに航空機で突入するテロリストも、校庭で児童に切りつける犯罪者も、さまざまに正当化はするだろうが、結局は世間一般とか、身近なものとか、あるいは自分に対して、怒り——憤懣、鬱憤、ルサンチマン——をぶつけ、解消しているのだ。いや、ごく普通の人であっても、なにか自分の価値観に外れたもののごとを目にするたびに、世の中が自分の思うようでないと感じるたびに、そして自分が自分の思うように扱われていないと感じるたびに、心中に憤懣の念——それをし義憤だというかもしれないが——が沸き起こることを、けっして否定できないに違いない。あの宮澤賢治ですら、若いときの書簡の中に「世の中に怒りを押さえきれない」と書き、晩年の書簡に「その理由は、現代社会に蔓延する〈慢〉——自我肥大のことだろう——という風潮に身を加えたためだ」と分析しているのである。

そしてそうしたルサンチマンを、もし官職にある人間が、「正義を執行する」という名分のもとに、生殺与奪の権力を振るうことで解消するとしたら……。かれの行動原理が、所詮は被害者感情に基づく、正義実現という仮面をかぶった腹いせでしかないとしたら……。そこにはいったい、いかなる事態が訪れ、いかなる世界があらわれるだろう。

本章では、前漢の「酷吏《こくり》」たちの姿から、それを見ていくことにしよう。

長安の不良チーム

最近、極端な行動や暴力にすぐ走る若者たちのニュースが、ふたたび世間を震撼させている。

いくつかの事件から抽出できるその特徴を、いま一口で言うならば、それはつまり、無自覚でありながら、一方では、自恃意識と、そこから派生する自己防御の欲求が、過剰なほどまでに強いということであると、私には思われる。

たとえば、今の暴走族、チーマー、カラーギャングなどと称される青少年にとって重要なのは、まずなによりもチームを組むことであって、かれらにとっては、もはや外部の社会は異世界でしかなく、自分たちのチームこそがすべてなのである。かれらがしばしば「バックレ会議」などというものを開いて口裏を合わせ、結束を固めていたという新聞報道は、そうした事情を端的に物語っているものといえよう。

現在の若者たちが、怒りや欲望を抑制できないという分析は、必ずしも正しくない。私の見るかぎり、かれら若者は、自発的にならば自らの行動を律することができると、いかにも若者的な傲慢さで思っているところがある。では、かれらにとって我慢ならないのはなにかというと、それは、他人に自分の行動を批判され、制肘《せいちゅう》されるということなのであって、そう感じた瞬間、かれらはまさにそのことに対して憤激し、すぐさま前後をかえりみない行為に訴えるのである(図書館での傍若無人な振る舞いを注意されたのを根に持った中学生の、ホームレスに対する執拗なまでの復讐暴行行為を思い出せばわかるはずだ)。だからかれらは、そのためにも、お互いが傷つけあわずに、しかも外部の干渉をはねかえすべく、徒党を組むことになる。

ところで、二千年前の中国、前漢の首都長安には、すでにこうした情況が現われていた。そこには、不良のチームがいたのである。

その記録は、『漢書』酷吏伝中の、尹賞《いんしょう》伝に見出される。それによると、成帝の永始から元延年間（紀元前一六年～九年）にかけての治世、政治は弛緩し、法は無視され、治安は悪化していた。外戚の不良子弟が町のやくざ者と交際し、そうしたたぐいの少年たちは、金を取って殺人を引き受け、役人や市民に、街頭で切りかかった。日が暮れると、彼らの蹴立てる埃が舞い上がり、襲われた人々は道ばたに倒れ、警報の太鼓は鳴りやまなかった。少年たちは三色の丸い弾《たま》の籤を引き、赤い弾を引いた者は武官を斬り、黒い弾を引いた者は文官を斬り、白い弾を引いた者は、そうした乱闘の中で命を落とした仲間の葬儀を取りしきったという。

このような漢代の不良少年の、無分別でありながら、それでいてチームとしては結束する行動様式は、まさに現代の盛り場の野放図な不良の姿と一致するではないか。

とはいえ前漢代に、ポリティカル・コレクトネスはおろか、十九世紀風の民主や人権の観念すらありようはずがないので、時の為政者が、こうした暴走族に対して、直接的で殺伐な措置を取ることは、ここまで読み進んでこられた諸賢ならば、容易に予想されるところだろう。

「残賊」の尹賞と「少年場」

まったくそのとおりで、このときに抜擢されたのは、尹賞という人物だった。かれはだいたい、県長、県令クラス（県は郡の管轄下にある行政単位で、住民一万戸以下なら県長、以上なら県令が治める）の器量の役人で、身の処し方は廉潔であり、治安や風紀の悪い県の取締りに有能だとして知られたが、ある県では「残賊」という罪に坐して免職されている。残も賊も「身体の一部を切り落とす」意味があり、つまりそうしたやり方で犯罪者を処刑していたということからも、かれの酷薄さがうかがえる。

この「残賊」はかれのキーワードだといってもよく、晩年に江夏郡太守に出世したときもまた、同じ「残賊」の罪科で免職されており、遺言でもみずから、「丈夫《ますらお》、吏と為るや、正《も》し残賊に坐して免ぜらるるとも、其の功効を追思せらるれば、則ち復《ま》た用いられん」、そして、甘く見られることは汚職の罪に問われるよりも堪えられない、と述べているほどだから、残賊による処罰の有効性に対する頑《かたく》なまでの確信は、その自恃とともに、生涯変わらなかった。というよりも、私の見るに、この遺言の力点は、むしろ後半部、すなわち軟弱だと軽侮されることへの恐怖感の方にこそあって、自分の能力を正当に評価させるためにも、あえて残虐な処罰を行なっているきらいが、非常に強いように思われるのである。

さてその尹賞が、そうした性格を見込まれて、「守長安令、得一切便宜従事」すなわち仮の長安県令として、臨時に全権を与えられた。そこで尹賞はまず、長安の監獄内に、縦、横、深さそれぞれ数丈（およそ十メートル立方）の大穴を掘って煉瓦で積み固め、これを「虎穴」と名付けた。それから部下を手分けして、それこそ今で言うところの駐在さん、町内会長、補導員（「郷吏・亭長・里正・父老・伍人」）にいたるまで総動員で、長安中の、非合法な物品を違法に取引し、派手な特攻服を着て、ナイフを持った不良（「長安中軽薄少年悪子、無市籍商販作務、而鮮衣凶服、被鎧扞、持刀兵者」）をリストアップさせた。そして、数百台の車に分乗した警官の手で、いきなり一網打尽にすると、尹賞自ら即決裁判を行ない、放免された一割——これはリーダー格や有力者の子弟などといった者どもで、後で恩を着せて手先にした——を除く残りの全員を、先に述べた虎穴に、百人単位で突き落とし、そして上から巨大な石で蓋をしたのである。その後の顚末は、次のようなものであった。

　数日して、ひとたびに発《あば》き視《み》るに、みな枕藉《ちんせき》して死したりき。便《すなわ》ち輿《くるま》にて出し、寺門の桓東に瘞《う》ずめ、其の姓名を楬著す。百日後、迺《すなわ》ち死者の家をして各自その尸《しかばね》を発き取らしむ。親属、号哭し、道路《みちばた》、みな歔欷《きょき》す。

　——数日していっせいに穴を開くと、全員折り重なって死んでいた。手早く車で外に出し、監獄の門に立てられている一対の標柱（華表）の東側に埋め、名前を書いた杭を打った。百日後、やっと家の者に屍骸の発掘を許可した。家族は号泣し、道端の人々もすすり上げた——

かくして不良たちは生き埋めの蒸し焼きとなり、長安の治安は何箇月もたたぬうちに、みごとに回復したのであった。

もう少し成長しさえすれば心を入れ替えるかもしれないし、それからまっとうな人生を歩んだかもしれない青少年たち。だが、なにせ当時は人権意識も観念もなく、ましてや更生主義に立つ少年法もない。だがそのため逆に、加害者の人権がもっぱら保護されて被害者のプライバシーばかりが蹂躙されるというような、現代風の恨み言が聞かれることも、またないのである。時代は応報主義であり、犯罪人は見せしめとして刑死させられ、それに対して残された家族も文句は言えず、それどころか不平を漏らせば、一族皆殺し(族滅)の恐れすらある。そこでみやこ長安の町の人たちは、こんな俚謡を歌って、この事件を記憶に留めるほかなかったのである。

安所求子死　こどもはどこでしんだやら
桓東少年場*　ろうやひがしのさかりばさ
生時諒不謹　いうことききかぬそのせいで
枯骨後何葬　こんなすがたのおとむらい

＊「少年場」とは社交場《さかりば》のこと。桓東で多数の少年が処刑されたので、その処刑場に、このように意味をかけて歌った。

都市文明があるレベルまで達すると、そこにあらわれる病理には、時代や場所を問わず共通なものがあるということが、この例からもわかるようだ。もちろん、私たちの時代と世界においては、尹賞のごとき酷吏もおらず、このような直截な解決方法《テロ》が許されるはずもない。したがって、たとえ時間は長くかかろうとも、私たちは、民主の理念とルールに則って、こうした諸病理に対処していく他はないのである。そして、その道の、なんと遠いことか。

鷹が獲物をとるように

みずからのやり方に絶対の自信を持っている酷吏は、まだ他にもいる。

だいたい、酷吏とは、だれに対してであれ、どんな場合においてであれ、法を厳格に適用し執行することに、その人生と存在の意義のすべてを見出しているタイプの人間で、『漢書』酷吏伝には、その手の人物が、山ほど見られる。かれらの行政を形容する決まり文句は、「不拾遺——物を拾わない」（三回出る）とか「皆股栗」「吏民重足一迹」「吏皆股弁」などというもので、前者はつまり、たとえ善意で落し物を拾得したとしても、もうそれだけで窃盗罪に問われて検挙され処刑される危険があるわけだし、後者はそうした恐怖政治の下で、部下の役人もまた民衆も、両股をすぼめて震えおののくほどおびえていたということで、かれらの残虐さのほどが、よくわかる。また「不避貴戚」というのもあり（二回出る）、たとえ王侯貴人といえども遠慮することはなかったどころか、むしろ相手が大物であればあるほど、ますます法の網にかけようと張り切るのである。

だれを処刑し、だれを助けるかの選択も、自分の判断――というか、好みに応じて恣意的な酷吏も多く、法はその理屈を整えるための道具としてしか見なさない。恐怖の弾圧で統治し、当然恨みもまた買うが、しかもそのことを、全然意に介さない。ほとんど権力を振るうことこそが目的で、自己実現であり、また自己表現だとしか思えないかれらは、ある意味でやはり、典型的な前漢人たちである。

たとえば文帝治世の太守、郅都《しつと》は「蒼鷹《しらたか》」と呼ばれて、その評判は異国である匈奴すらおびえさせたし、武帝のときの太守義縦《ぎしよう》もまた「以鷹撃毛摯為治――鷹が羽ばたきながら獲物をとるように治めた」と記され、また同時期の関都尉（街道チェックポイントの司令官）、甯成《ねいせい》は「寧見乳虎、無直甯成之怒――母虎に遭っても甯成の怒りに触れるな」と言われるほどに怖れられた。

なぜかれらが、これほど「強者」を目の敵にするか。歴代中国王朝同様、前漢もまた基本的には均分主義、農本主義、士農工商感覚で、利潤を得て資本を蓄積していく行動を白眼視する。しかし社会の経済発展と流通の進展はいかんともしがたく、そこには当然、規範と現実との間の矛盾および摩擦が生じ、その中で、第二次産業に従事する有力者は、矛盾と摩擦の中で生じたドロップアウト分子を吸収せざるを得ず、そのため清水の次郎長親分同様、しばしば盗賊や侠客と同列に扱われる――これを豪強などという――のである。他方、こうした有力者には、自然のことながら社会的実力が備わり、それは往々にして、金銭力を背景とした、私的権力の形を取る。そしてこの権力の行使が、もしも民衆を利し潤《うるお》すのではなく、むしろ搾取し苦しめる契機と結果になるとき――。そのときこそ、郅都や甯成のごとき酷吏がその鷹の翼を拡げ、農本均分という大義名分のもと、事実はルサンチマン解消の快感を求めて襲いかかるのだ。

そこでここでは、そうした残酷無比の酷吏の代表として、王温舒《おうおんじょ》と厳延年《げんえんねん》という二人を、とくに見てみたいのである。

「わがこと卒えしめんかな！」

王温舒は武帝時代の酷吏で、若いときは墓暴き（椎埋といい、槌で撃って殺人することだともいう）をしていたというから、根から悪い性格である。役人になってからは、そうした青年時の得意技を生かしたものか、盗賊逮捕にもっぱら素晴らしい能力を示すが、要するに悪人を手先に使ってさらに悪を暴くという、よくあるやり方をとったものだ。

こうした功績で、王温舒は、河内郡の太守に出世した。そこでまず王温舒は、私費で五十匹もの伝馬を調達し、河内郡とみやこ長安との間の連絡網を準備する。それからさっきのやり方を使って、一挙にやくざや盗賊の一味を急襲し、連座してなんと千余家を検挙してしまう。そしてすぐさま「上書して、大なる者は族に至り（一族皆殺し）、小なる者は乃ち死して家は尽く没入して臧（隠匿物件）を償わせんことを請」い、「奏の行くこと二日を過ぎず、可を得て、論ずるを事とし、報（中央の裁可を得て、論告求刑事務を処理し、処刑する）」じ、郡の人々はみな、「其の奏の以て神速なるを怪し」んだそうだが、じつは王温舒は前任地にいるときから河内郡の犯罪者一家をすでに調べ上げてあり、わざわざ私財を投じてまで駅馬をそろえたのは、まさに奏上～認可～論告求刑～判決～処刑の手続きを迅速化するためだったわけだから、別に怪しむほどのことでもないのである。

この結果、九月に赴任してから十二月までのわずか三箇月で犯罪は根絶され、郡内には犬が吠えることさえなくなったのだが、王温舒はそれでも飽き足らずに、隣の郡に逃げた残党をなおも追跡し、結局、春になって規定により裁判ができなくなると、王温舒は「頓足し歎じて曰く、〈嗟乎！　冬月をして益展せしむること一月して、吾《わ》がこと卒《お》えしめんかな！〉と――足を踏み鳴らして、〈くそっ、冬を一月延長して、俺に仕事（つまり処刑）をさせてくれ！〉と嘆いた――」というしだいで、『漢書』もあまりのことに、「其《そ》の殺して威を行なうを好み、人を愛せざること、かくのごとし」とあきれている。

だが、それより驚かねばならないのは、「報じて（処刑して）流血十余里に至る」という記述だ。

つまり、処刑場では次から次へと斧か剣で斬っていくので、死体から噴き出した血が刑場から溢れ出し、市街はおろか、周囲の村々にまで流れていったというのだ。おそらく、王温舒は、残忍な喜びをもってこの光景を眺めていたに違いなく、その心は正義を執行したという満足感や達成感もさることながら、むしろその大義名分にかこつけて、手段の是非に関わりなく、富裕で権柄を誇る人間たちに対する――較ぶるに自分の境遇の不当さよ――鬱憤を晴らしているという快感の方が、いっそう強かったのではないだろうか。

流血すること数里

こんなことは、いくら前漢代でも特異な例かと思うと、そうではない。宣帝時代に河南郡の太守に出世した厳延年も、また同様だった。かれは「尤《もつと》も巧みに獄文を為《つく》り、史書に善《よ》く、誅殺せんと欲すれば、奏は手に成る」文才を持っており、「奏し、可され、死を論ずることの奄忽《にわか》なること、神のごとし」という記述は、王温舒のそれと、まったく変わらない。酷吏伝によれば、かれもまた強きをくじき、弱きを助けることについては人後に落ちるものではなかったが、しかし厳延年は、「冬月、属県の囚《ひとや》に伝えて会し(属県の監獄に伝えて犯罪者をすべて郡庁舎に集め)、府上にて論じ、流血すること数里」という、王温舒の上を行く凄まじさを示し、そのためかれは、「屠伯」と呼ばれて怖れられたのだった。

そう、かれら酷吏は、人を愛せない。どれほど悪を倒し、弱きを救っても、またどんなに部下をかばい引き立てても、それは人を愛するからではないのかもしれない。武帝時代、対匈奴戦争の戦費を捻出するための財政改革に辣腕を振るったエリート酷吏の代表で、あの朱買臣の恨みを買って告発され自殺した御史大夫《ぎょしたいふ》、張湯にしても、死後に遺した財産はわずかに給与と賞与のみで、生前に得たすべての金は、部下を世に出すための交際に消費していた。

では、かれらが酷吏たるゆえんは、なにか。かれらは、人への愛などより、正義の遂行――とかれらが考えるもの――を、より愛するのだ。それこそが真であり、善であり、世にそれ以上のものはない。どんなに泣いて許しを乞おうとも、どんなに後悔しようとも、酷吏の前では、もう遅い。人治で運用される法網にかかった自分の罪と過ちを思い知りながら、死んでいくのだ。それを冷然と見据えるかれらの心に、人を愛するというようなはたらきなど、あり得ようはずがない。だが、世間一般は、本来、そんな心性を持つ人間が現実にいようなどとは、そもそも想像すらつかないだろう。だから酷吏は――というより、そうしたキャラクターを持つ人間は――、自分が正しいのに、それを認めぬ世間の方をより奇態に感じ、なぜそんなことにならねばならないのだと思って、不満、憤懣、鬱憤を抱くのだ。

そう、かれらのいわゆる正義の遂行は、別の面から見れば、世間に対する復讐なのだ。だから結局、王温舒は自殺し、厳延年は棄市に追い込まれるのも、当然といえば当然だろう。

母の見た光景

ところで、厳延年にはある逸話が残っており、それは、次のようなものである。

かれが河南郡の太守であったとき、母親が冬の祭祀をともに行なおうと――そしてより人間的な感情からは息子の出世した姿を見ようと――、はるばる郷里から、郡の役所を訪ねてきた。

以下は、「洛陽に到り、適《たま》ま囚に報ずるを見ゆ」というわずかな記述から、私の想像した光景である……。

――郡都洛陽に入り、庁舎の塀の傍らまで来た母が、ふと足許に目を落とすと、もう冬の季節とて白く凍りついた排水溝のその氷の上を、目にも鮮やかな紅色の血が、すーっと流れていく。背筋が冷たくなりながら役所の門をくぐると、中庭には大勢の人が集まり、しわぶき一つなく立ちつくし、庭の中心で、いましも繰り広げられる光景を、ひっそりと見守っている。それはもし、現代の用語で言いなおすならば、たとえばこんな具合だろう。

「何某、電車の中で大きく足を広げ、シルバーシートを空けようとしなかった。よって処刑する――ばさっ」……「何某女、歩道上で自転車《MTB》に乗り、速度も落とさず警鈴も鳴らさず、背後から高齢者をすり抜けた。よって処刑する――ばさっ」……まるでディケンズの『二都物語』の最後の場面を見るかのよう、違うのは、そこには、気高さも、自己犠牲の美しさもないことだ。

――これはどなたの命令ですか――母はたずねた。――屠伯だよ――、聞かれた人は、白い息を吐き、声をひそめて答える。――屠伯とは、いったいどなたですか――また母はたずねた。――厳太守だよ――、その人はふたたび答える。それを聞いた母は、震える口許を真一文字に結び、踝を返して役所の門を出ると、もう二度と振り返らなかった。

市内の招待所《ゲストハウス》から出ようとしない母のもとに、話を聞いた厳延年が、あわてて駆けつけた。しかし母は、部屋の扉を閉めて会おうとしない。冠をとって廊下に這いつくばった厳延年が何度も頭を床に打ち付けると、ようやく母は姿をあらわし、静かな調子で厳延年を責めはじめた。

ここから先は、『漢書』の原文のまま（句読点だけ打つ）、母のことばを味読してみよう。できれば中国語で発音してみると、気分がそのまま伝わって、もっとよいと思う。

「幸得備郡守、専治千里、不聞仁愛・教化、有以全安愚民。顧乗刑罰、多刑殺人、欲以立威。豈為民父母意哉!?」

――せっかく太守にまで出世をして、千里四方をまかされておりながら、おまえは精一杯に生きている人たちを、愛し導いて幸せにしてはおりません。それどころか、刑罰をつかって人殺しをし、それが得意でいる。いったいそれが、民の父母ともされる太守様のすることですか!?――

厳延年は繰り返して謝ると、自分で馬車を駆り、なんとか母を役所の公邸に連れ帰った。さて冬祀りも済んだ母は、居ずまいを正すと厳延年の方に向きなおり、こう言った。

「天道神明、人不可独殺――おまえひとりだけ人を裁いて殺す資格があると思っていたら、かならず天の報いを受けるでしょう――。我不意、当老、見壮士被刑戮也――わたしはもうこの年です、おとなになったおまえが処刑されるところを見たくありませぬ――（小竹訳『漢書』では、この「壮士」を処刑された若い囚人と取るが、この母の言を前後の部分の文脈と併せて考え、しかも普通「不意（おもはざりき）」と訓ずる熟語の前にある主語「我」を生かして、これを「我不願意《ウォブユエンイー》（望まない）」と取って、母が厳延年の応報死を予期してこう述べたのだと解釈したい）」

そして、その次のことばに、母の万感がこもっている。

「行矣」

――行かんかな（もう戻ります）――

さらにこう付け加えて、母は故郷へ戻って行ったのだった。

「女《なんじ》を去りて東帰し、墓地を掃除するのみ」

――今生の別れです。母は一族の墓を掃除して、おまえが死んで戻ってくるのを待っていますよ――

厳延年が処刑されたのはそれから一年後のことであり、かれの母は、見事に当たったこの予測によって、東海郡に賢母ありと知られたのだが、それだけではなく、厳延年を含めた五人の息子は、みな官吏としての才能に恵まれて大官（秩禄二千石）になったので、それでこの「厳のお母さん」は「万石（つまり二千石×五）厳嫗」と、尊敬を込めて呼ばれたのだった。

「いずくんぞ厚葬せん！」

ことのついでに付け加えておくが、じつは先に述べた張湯の母も、こうした「烈母」のひとりだった。御史大夫であった張湯は、裏の裏を読むような熾烈な権力闘争に敗れたすえ、ついに今で言うインサイダー取引の嫌疑を受けて自殺に追い込まれたのだが、兄弟と子どもたちが盛大な葬式を出そうとしたら、張湯の母は、こう啖呵を切ったのだ。

「湯、為天子大臣、被悪言而死！　何厚葬!?」

——息子は大臣にまでなりながら、汚職なんぞの疑いをかけられた！　立派な葬《とむら》いなど出すまいぞ！——

そこで母は、これ見よがしに張湯の遺骸を牛車の戸板の上に乗せ、椁《うわひつぎ》を被せずに、棺桶だけでじかに埋葬したのである。これを聞いた武帝が溜め息とともに漏らした肉声、「非此母、不生此子（此の母に非ざれば、此の子を生まず）——さすが張湯の母、聞きしにまさるおっかさんだ——」が、そのまま『漢書』に記されている（ちなみに『漢書補注』の著者、王先謙は、この母の行為は明らかに武帝に対するあてつけで、こんなに貧しいではないかとマニフェストすることで、息子の潔白を訴えたのだと見る。さもありなんといえよう）。

こんな「お母さん」は、「死んで来い！」と、若い乃木さんを初陣に送り出したというその母に見られるように、きっと日本でも、江戸時代や明治の御世《みよ》には、おおぜいいたのだろう。しかしながら、こうした母親の息子が、ともに酷吏であるというのも、また興味深い。おそらく幼少から、一本筋《すじ》の通った、自恃をぜったいに捨てない彼女たちの人生態度が、知らず知らず自然のうちに、かれらの生涯を貫き、影響し、規定してしまった――。私には、そんな風にも思われる。

何に対しても責任を取らず、正論を吐く人間のことを、いかにももったいぶって子供扱いしたうえ、最後にはよってたかって排除する。政局を含めて、そうした風潮ばかりがひたすら目につく現在、あらためて前漢代を振り返ると、酷吏をはじめとする官僚たちは、もちろん賄賂も相当に取り、贅沢をきわめて散財もするが、その金は後輩を官界で引き立てるための社交に遣《つか》い、またそうすることで社会や組織を活性化させ(つまり金を生かし)、もしもそのことで告発を受ければ、いさぎよく自殺するか、あっさりと処刑されてしまう。

しかし考えようによっては、表向きはいかにも廉直に振る舞いながら陰でいじましい享楽に耽ったり、さらには歪んだエリート／プロ意識から非政府組織《NGO》を妨害したり、改革に抵抗して延命を図ったりするよりも、前漢官僚の方が、酷吏を含め、よほどすがすがしくてマシだとすら、いささか極論・暴論じみてはいるが、あるいは言えはしないだろうか。

だが、そうまでして公務員になりたいという剛直な若者が、現代の日本に、はたして何人出るだろうか。なぜならば、実のところ、昔も今も、まさに「役人とは死ぬことと見つけたり」なのだから。

6 まっすぐな人たち

かなたに酷吏あれば、こなたに循吏あり。清廉で、人望があり、残酷ではなく、民を慈しむ。とはいえ、自恃が強く、剛直で、みずからの意見を通すためには死をも恐れない点においては、かれらもまた、酷吏に一歩も引けを取るものではない。

この章では、そうしたまっすぐな人たちの中から、私の好きな汲黯《きゅうあん》と龔遂《きょうすい》という、このふたりの人物像を取り上げることで、一種の interlude になればとも考える。

エリートの覚悟

さて、最近の日本社会の情勢は、有為転変の常無きにも限度があると思われるほどの目まぐるしさで、本書が読者の目に触れるころに、現政権と現内閣の命運がどうなっているかは、まったく予想がつかないのが正直なところである。だが、いずれにせよはっきりとしているのは、実効的な権力の行使と円滑な行政の遂行の成否は、一にも二にも、人事にかかっているということだ。

今日《こんにち》世上でしきりと主張され、また「骨太の改革」のひとつの目玉とも見なされるものに、国家省庁の人事異動において、上級職（キャリア）のみの聖域を設けることを否定したり、積極的にノンキャリア職員や外部の人材を抜擢登用したりするということがあるが、私が考えるに、こうした施策は、運用方針によっては、けっして妥当とはいえないものとなるだろう。そしてもしもそれが、単に一律に門戸を広げてしまうものでしかないということであれば、あの昔ながらのルサンチマン的結果平等《よこならび》による社会活力沈滞を、あるいはもしもそれが、アメリカ資本社会流の激しい競争原理の導入ということであれば、そのことによってもたらされるストレスフルな環境による社会活力減衰を、またぞろ招いてしまうだけになることは、容易に予想される。

思うに、エリートはエリートとして存在させねばならないし、そのすぐれた能力と努力に対して与えられる特権や栄誉も、また相応に認められるべきなのだ。ただし、そのかわり——というよりも、だからこそ——忘れてはいけないのは、いやしくもエリートとして選ばれた者ならば、たとえ毛筋ほどの瑕瑾でしかなくても、もしもミスを犯せば、ただちにみずからの犠牲——死を含む、厳しき処断が待っているということを、当然の報いとして受け止めるべきだということなのである。

いや、エリートならば、むしろ自分はそういう立場に置かれているということ、あえてみずからをそうした立場に置いているということ、つまりそこにこそ、自信と、自恃と、誇りとを持っているはずであり、また持っているべきなのであって、だからこそエリートではない下々の人間は、自分の使命に対するそれだけの覚悟と責任《オブリッジ》を持った――持っているはずの――エリートを信頼し、その誇りを尊重して敬意を払い、かれらに国家の大事をまかせるのである。

「五鼎の食せずんば、五鼎の亨のみ」

だいたい、命を失うことをはじめから確信して就職する人間が、はたしてどれほどいるだろうか。そんなことは、普通の人々には、もとより想像すらつかない。だからこそ「すまじきものは宮仕え」などということばも残っているのであり、古代中国の善政統治の要諦の基本中の基本とされる、「帝力いずくんぞ我にあらんや」という故事名言も、裏を返せば、じつはそういう意味なのではないのかと、私には思われたりもするのだ。それはいわば、――命のかかった政治など、死にたい、やりたい奴が、かってにやっててくれよ、俺なんかまっぴらだし、だいいちそんなの知らないもんね――といった具合だ。

栄耀栄華に包まれるのは大いに結構、エリートならばそれも当然のこととして認めてもいい。けれども、頭上には、つねにダモクレスの剣が下がっていることを承知の上でないかぎり、それに奢《おご》る資格はないだろうし、ましてやエリート以外の人々を見下げるような勘違いは、もっての外《ほか》だ。

要するに、政治や行政に首を突っ込みたいやからは、それなりの――自分の命のことだ――覚悟をせよというわけで、それがまた、前漢人の当然ともいえる考え方／姿勢だったし、それでもなおかつ官途の栄達を望む人材が、前漢にはひきも切らずに輩出したのもまた、欲望とともに、いま述べた覚悟が決然としていたからだろう。たとえば、あの酷吏の〈蒼鷹〉郅都は、「已《すで》に親に背きて出《しゅっ》す、身は固《もと》より当《まさ》に職を奉じ、官下に死節し、終《つい》には妻子を顧みざるべし――親の言うことも聞かずに仕官したのだから、仕事で死ぬのがわしの倫理的な始末のつけ方だ、いまさら妻子などにかまっていられるか――」というのが口癖だったようだし、武帝時代の中大夫（議論を掌る役人）で論客として知られた主父偃《しゅほえん》などは、こんなことまで言っている。

「臣、結髪して游学すること四十余年、身は遂《と》ぐることを得ず、親は子と以為《おも》わず、昆弟は収《い》れず、賓客は我を棄て、我の阸日《あいじつ》（苦しい日々）久しきかな。丈夫、生まれて五鼎（五つの鼎《かなえ》に盛られた煮物）の食せずんば、死さば則ち五鼎の亨《こう》のみ。吾《わ》が日は暮れにき、故に之《これ》を倒行逆施（顔師古の注に、常理に遵《した》がわざること、とある）す」

――わしは成人してからでも四十年あまりも苦学したが立身せず、親兄弟には縁を切られ、近所付合いも断たれて、こんな苦しいことはなかった。男なら、山海の珍味を食べるか、そのなべで煮られて死ぬかだ（出世できれば死んだって悔いない）。もう年だから、なんだって言うし、やってやるわい――

こうした前漢代にひきくらべ、旧ソ連共産党の衣鉢を世界でただひとつ頑固に受け継ぎ、守り伝えているかと思わせるほどの、わが国の行政諸官庁《ノーメンクラツーラ》の〈なまじな手直しなど不可能なくらい自己保存のネットワークとメカニズムが完成された〉人事システムを目《ま》の当たりにすると、前漢代の実行力本位の推薦／抜擢型人材登用——そのかわりエリートになった人間は徹底的にエリートの自覚を持つ者として処遇する——の方が、よほど効率的なのではないかと思われたりもする。だが一方では、そのドラスティックさ加減は、傍《はた》で——というか二千年後から——見ていても少々極端で、こんな簡単なことで広大な大漢帝国の統治がはたしてうまく行くのか、三千年紀のいまさら関係ないと思いながらも、つい心配になってしまうところすらあるのも、また事実である。

「諫めては、主の顔色を犯す」

しかしこれはなにも、平成の御世《みよ》の私だけに限ったことではなくて、前漢代に同様な心配——というよりもむしろ不平と不満を抱いて、それをまた、愚直に口に出したのが、さきほど名を挙げた、汲黯だった。

汲黯は各地の太守も歴任したが、おもに主爵都尉(列侯に関する業務を主掌し、後に右扶風《ゆうふうふう》となる)や右内史《うないし》(後に京兆尹となる)といった、首都圏知事クラスの役職を務めた高官で、直言居士として知られ、百科全書『淮南子《えなんじ》』を編纂させた淮南《わいなん》王劉安のような大知識人が、かれのことを「直諫を好み、節を守り、義に死す」と評価しているから、その人物は、筋金入りの保証つきである。武帝もまた、「古《いにしえ》に社稷の臣あり、汲黯の如きに至りては、これに近し」と認めていて、かならず身なりを整えてからでなければかれに会おうとしなかったというほど敬意を払っているのだが、とはいうものの、つねに正論を吐く汲黯の容赦ない舌鋒に、ときにはたまりかねて、「甚だしきかな、汲黯の戇《おろか》なる也《や》」とか、「汲黯の言を観《み》るに、日に益して甚だしきかな」とこぼすこともあるくらいの強面《こわもて》である。

それというのも、武帝は対匈奴戦争に際して、社会的動揺や財政的混乱を避けるための政治・経済面における理論武装を必要としており、張湯たちをはじめとする怜悧な官僚たちは、まさに超優秀な頭脳もてそれに貢献するために採用されていったという側面があるのだが、汲黯は、匈奴戦役を含め、そんなことには大反対だったのである。

『漢書』張馮汲鄭伝によれば、汲黯は、「黄老の言を学び、官民を治めるに清静を好み、……責めるに大なるを指す而已《のみ》にて、細かく苛《しか》らず」とあり、また「九卿に列し、治務は無為に在《あ》る而已《のみ》にて、大体を引き(『史記』によれば「弘め」)、文法(規則のこと)に拘《こだわ》らず」ともある。つまり汲黯は、行政において、わざわざ事を荒立てる必要性を認めないのであり、それでまた、かれの赴任する郡は、みなよく治まるのである。

そのあたりが、「裁き、殺す」ことに正義実現の喜びを感ずる、〈屠伯〉厳延年などとの大きな違いだと思うのだが、ちなみに汲黯は、後にその厳延年が生まれた東海郡の名太守として評判を上げたのだから、循吏と酷吏のこの因縁は、ちょっと面白い。

そうした汲黯が、張湯たち文書エリート官僚とうまが合わないのは当然であり、それで汲黯は、しばしば面と向かって張湯を「刀筆の吏め《法律オタク》」と罵るのである（刀筆とは、木簡を削る削刀と、字を書く筆のことで、いずれも官吏の必携の文具）。

「刀筆の吏を公卿にしてはならぬと、むかしから言われておるとおりじゃ！」

――天下謂、刀筆吏、不可謂（＝為）公卿、果然！――

「刀筆の吏は、厳しい法で人をうまくり誇《そし》り陥れては手柄にしおる！」

――刀筆之吏、専深文、巧詆、陥人於罔、以自為功！――

いまをときめく顕官で、皇帝の寵をほしいままにする張湯に対して、そんなことを言って平気なのかと思うのだが、さすがの張湯も、汲黯を殺すことはできなかった（それどころか、張湯の方が破滅してしまう）。おそらく汲黯にはそれだけの威厳も迫力も備わっていたのであろうし、またかれ自身、病気がちのゆえもあってのことかもしれないが、自分の生命などは、はなから眼中にない。

そのあたりのかれのキャラクターを、『漢書』は「為人、性倨、少礼、面折、不能容人之過。合己者善待之、不合者弗能忍見、士亦以此不附焉。然好游侠、任気節、行修潔。其諫、犯主之顔色――傲慢無礼で、人のミスを許せずに面罵する。気に入った者にはよいが、気に沿わない者とは顔を合わすことすらがまんできず、それでだれも寄りつかなかった。けれども男だてで、きっぷがよくて、いさぎよかった。主君を諫めるときも怖れなかった——」と記していて、やはりかれもまた、死んでも言い分を通す、典型的前漢人であるということが、よくわかるではないか。

「後に来たる者、上に居り」

たとえば儒学を好む武帝に対し、汲黯はこんなことを言ってのける。

「陛下、内は多欲、しかして外は仁義を施さんとす。奈何《いか》んぞ唐・虞（尭・舜）の治に效《なら》わんと欲せし乎《や》!?」

武帝はかんかんになって朝議の場から足音も荒く出ていき、後に残された大臣たちは、あるいは青くなって汲黯の身を案じ、あるいは赤くなって汲黯の無礼を責める。しかし当の汲黯は平然とした顔で、こう答えるのだ。

「天子、公卿輔弼の臣を置くは、寧《なん》ぞ従い諛《へつら》い、意を承け、主を誼しからざるに陥らせしむればか? 且《か》つ、已《すで》に其の位に在りて、縦《たと》え身を愛するとも、奈何《いか》んぞ朝廷を辱しめんや?」

——天子が公卿や輔弼の臣を置く理由は、阿諛追従してイエスマンになり、主人に道を誤らせるためかな? それに、たとえわが身大事とはいえ、もうこの地位におるのだから、いまさら恥ずかしいまねはできぬわい——

また匈奴を打ち負かした英雄で、姉が皇后にまでなっている大将軍衛青《えいせい》に同等の礼しかとらない汲黯のことを心配した人が、「大将軍の尊貴なことはじつに重大なのですから…」といさめたのに対して、汲黯は、

「夫《そ》れ、大将軍を以て揖《ゆう》(手を前に組んでへりくだった挨拶をすること)する客の有らしむることは、反《かえ》りて重からざる邪《や》?」

——大将軍に、おたがい丁寧な挨拶を交わす知人がいるということは、かれを軽く見せるじゃろうか? それどころか、謙虚だという美点でもって、逆にかれをいっそう重々しくできるんじゃないのかね?——

とうそぶくのである。もちろん、前漢人としてはまれに見る温厚な性質の持ち主、衛青将軍は、これによってますます汲黯のことを尊敬したのであった。

こうしたエピソードからも、かれの自恃の強い、ぜったいに人に譲らない性格が、よく見てとれる。

だが汲黯は、人の命を喜んで奪うようなことは、けっしてしなかった。それどころか、武帝に対しては、「棄てられた」だの、「埋もれさせられた」だのと、けっこう被害者意識丸出しの、弱々しい恨み言を述べ立てるのである。それがまた逆に、かれが無事畳の上で死ねた最大の原因なのかもしれないが、こんな世にはばかった正論の人、直言居士であっても、やはり心の中には疎外

感と孤独感があったのかと考えると、根は善人のかれを、ついにだれもいたわってはやらなかったのだなと、気の毒になる。

自恃が強くとも、人を愛したいし、人間的な感情を出したい。なのに、それが故《ゆえ》に十全なコミュニケーションが取れずに、酷吏は心に地獄を抱き、汲黯は孤独を抱える。

ここでは、かつて下役だった張湯たちに追い抜かれ、武帝からも取りあってもらえぬ汲黯が、主上の前で吐露した名セリフを、ふたたび引用しておこう。

「陛下の群臣を用いるや、薪を積むが如きのみ。後に来たる者、上に居り——陛下用群臣如積薪耳、後来者居上——」

「郎中令はよく人をはずかしむ!」

次に挙げるのは、龔遂である。余談だが、私がかつてある女子大学に奉職していたとき、中国文化関連の科目で『漢書』を読んだことがあったが、そのとき触れた前漢代人物の中で、彼女ら女子学生の人気ナンバーワンだったのは、たいがいこの龔遂だった。そしてその理由というのは、「まごころがある」からで、そう言われてみればたしかに、龔遂はもちろん前漢人として直言し諫言するが、その底には、いつも自分を捨てて、まず相手を思いやる気持ちがあって、その温かみが学生たちにもしっかりと伝わり、感じられたからなのだろう。

この龔遂は、じつはあの問題児、廃帝昌邑王の劉賀に仕えた人で、霍光の宮廷クーデタによって捕えられた昌邑群臣二百余名の中で、ただ二人助命されたうちの一人だったということだけでも、かれの傍目《はため》にも明らかな誠心誠意の職務のほどがしのばれるではないか。

龔遂は昌邑国の郎中令として勤務し、循吏伝によれば、「遂、人と為り忠厚剛毅、大節有り、内には王に諫争し、外には傅・相を責め、経義《けいぎ》を引き、禍福を陳《の》べ、涕泣にまで至り、蹇蹇《けんけん》（正論を述べること）として已《や》む亡《な》し。王の過《とが》を面刺し、王、耳を掩《おお》うまでに至り、起ちて走りて曰く、〈郎中令は善く人を媿《はずか》しむ！〉と。国中に及び、皆畏れて憚《はばか》れり」と、その態度をほめちぎられている。

これを見ると、龔遂は汲黯とは違って、同じ正論を述べるにしても、経書に典拠して情理をつくして説得するから、相手が龔遂独自の意見にやり込められたように感じて自尊心が傷つく危険――前漢人がもっとも恨みを抱きそうなシチュエーションだ――は、たぶん少ないだろう（このあたりは私としても、おおいに学びたい）。他方、龔遂は、「禍福」、つまり運命判断についても詳しかったらしく、こうした教養もまた、当時の人の目から見れば、龔遂の諫言に犯しがたい根拠を与え、威厳を添えていたことだろう。そんな龔遂の、声涙ともに下る諫争が聞けぬというのであれば、それは昌邑王の自業自得で、もはや運命というしかない。

現実に、王の周辺には、尾のない犬だの、大きな熊だの、青い羽の水鳥だのという不気味な象徴的意味合いを持つ動物がしきりと現われ、はては座席が血で汚れるという不吉な兆《きざし》が襲いかかる。けれども昌邑王は、そのつど心配するだけはして、どれほど龔遂が諫め、泣き、叫ぼうとも、肝心かなめの行ないの方は、いっかな改めようとはしないのだ。次期皇帝に選ばれ、即位のためにみやこ長安へ向かう途中も、例によって乱行ばかりを繰り返す。葬儀の哭礼のしきたりも、すべては龔遂が、手取り足取り教えてやらせねば、面倒くさがって実行しようとしない。なんともはや、手のかかる主君なのである。

「臣をまさに先んじて逐うべし」

だがこれでは、たとえ龔遂のように運勢見ができなくとも、王の末路は、はじめからわかっているようなものだ。そのためか、さすがの龔遂にも、いささか弱気になった瞬間があったかのようで、昌邑王即位の後、もとの昌邑国宰相で、いまや漢の朝廷の長楽衛尉の地位についた安楽に対して、涙を流して、こんなふうにこぼしている。

「王、立ちて天子と為るや、日に益して驕溢《きょういつ》なりて、之を諫めしも、復《ま》た聴かず。今、哀痛(服喪のこと)未だ尽くさざるに、……為す所、道に悖《もと》る。古《いにしえ》の制は寛《ゆるや》かにして、大臣に隠退有り。今は、去るを得ず。狂と陽《いつわ》るも、恐らくは知《さと》られ、身は死して世の戮《はじ》とならんは奈何《いかん》。君は陛下の故《もと》の相なり、宜しく王と諫争するを極むべし」

――こんなひどい天子はない。昔だったら隠居の形で逃げられたものだが、現代では無理だ。いっそ狂人をよそおって輔弼の責任を回避しようか、いやどうせばれて、死んだのちまで笑い者だ、いったいどうすればいいだろう。だいたいあんたはもとの宰相のくせして、諫争もしないで、無責任ではないか――

それでさらには、新米皇帝が見た夢（積み上がった青蠅の糞――これは讒言者の象徴とされる――）にかこつけて、このような忠告をする。

「宜しく先帝の大臣・子孫を親近し、以て左右と為すべし。如《も》し昌邑の故人を忍ばず（つながりを断ち切って遠ざけることをしないまま）、讒諛《ざんゆ》を信用せば、必ず凶《わる》き咎《とが》有り。願わくば、禍《わざわい》を詭《たが》えて福と為し、皆之《これ》を放逐せんことを。臣《やつがれ》を当《まさ》に先んじて逐《お》うべし」（『漢書』武五子伝）

――昭帝時代の人脈を用いなさい。王国の腐れ縁で、イエスマンに囲まれたままだったら運の尽きです。だからこのさい、旧臣を一掃して悪運を転じなさい。というわけで、まずは私から辞めさせていただきたく存じます――

このとき龔遂は、おそらく、よほど昌邑王――そして待ちうけている絶望的結末――から遠ざかりたかったのだろう。もしかすると、自分が最初に犠牲になるという形で、だが実はそれによって連坐の運命を避けることができもする、この一石二鳥の誘惑のささやきに、危うく龔遂も捉《とら》えられかかったのかもしれない。

しかし節義を守る龔遂は、ついに踏みとどまって逃げることはしなかった。その覚悟を決めるだけの剛毅さもまた、龔遂にはあったのだ。そして、結局はこれが幸いした。

予想は違わず、わずか二十七日で、昌邑王は破滅した。だが、刑場に送られながら罵言をどなりたてる昌邑王の旧臣たちの中に、龔遂の姿は入っていなかった。「数《たび》の諫争を以て、死を減ずるを得、髡《こん》（髪を剃《そ》る）して城旦と為る」——つまり、何度となく諫言したその努力が評価され、龔遂と他一名は減刑されて（後にもう一人減刑）、城壁警備と修築に従事する懲役刑に処せられたのであった。

七十歳という高齢にはなっていたが、こうなれば前漢では人材バンクにプールされたも同然で、すぐに大抜擢が待っていることは、読者諸賢ならば、もはや先刻御承知だろう。

「なんすれぞ牛を帯び、犢を佩きしや？」

はたして龔遂は、ほどなく渤海郡（渤海郡は山東半島の北、黄河下流域にあり、斉に近く、この地域は前章でも触れたように、流通経済が発展していた）の太守に任ぜられ、恐怖政治とは正反対の、じつに穏やかで味わい深いやり方で、まことに見事に統治した。たとえばもし盗賊であっても、武器のかわりに農具を手にしていれば、かたぎとみなして逮捕したり処罰しないこととし、こうしてかれらに武装を解除させる。またあるいは、刀剣をそれぞれ犢《こうし》と牛とに引き換える措置をとり（これは現代でも内戦後の治安回復のさいに、街中に溢れる小銃を回収するために、国連や多国籍軍の暫定統治機構によって執られる手法と同一である）、「何為《なんす》れぞ牛を帯び、犢を佩きしや？」などと人を食ったようなことを言いながら、投機的・利潤追及的商行為に手を染める地方有力者——いわゆる豪強《やくざ一家》——を、たくみに農業者に変身させていったのだった。*

*しかもこの渤海太守としてのエピソードの最後には、数年後、郡政報告のため上京した龔遂が、日頃は呑んだくれとして軽んじられていた部下のアドバイスによって昭帝の御下問に対するお覚えめでたきを得て、この部下とともに晴れてみやこに復帰するという、まるでおとぎの国のような逸話すらあり、この話は後代の元帝・成帝時代に、褚少孫《しょしょうそん》によって『史記』滑稽列伝中に、武帝時代の「北海太守」のこととして竄入《ざんにゅう》させられている。これは、わずか一世代で、龔遂の事跡がはやくもフォークロア的「翁《おきな》」化しかけていたことを物語っているのか、それとも褚少孫の師は、昌邑王の群臣のうち、助命された三人目にあたる王式《おうしき》なので、そのあたりが絡《から》んだ事情が、なにかあるのか。興味深いところだ。

そして最晩年の龔遂は、水衡《すいこう》都尉という役職につき、禁苑（御料地）の管理や宮殿の宴会、それに宗廟に祭るための犠牲を調《ととの》えるなどといった、漢の皇室に最もゆかりの深い仕事を任されるほど信頼され、在官のまま天寿を全うしたのだった。

汲黯と龔遂。このふたりは、我《が》と自恃の強い前漢人ではありながらも、その心性は、善良で、誠実だ。だから、かれらは、恐ろしくも、血生臭くもない。人を恨まず、人にも恨まれず、殺しも、殺されもしなかった。しかし一方で、エリートとしての覚悟はしっかりと持ち、責任をとることも、けっして厭《いと》いはしなかった。その意味からは、かれらまっすぐな人たちの身の処し方にならば、現在でもなお学べるところがあるだろうし、またその人生は、前漢史の中でも、一服の清涼剤ともなるだろう。

わけても、生来の優しさがにじみでる龔遂については、はじめてその人柄と事跡に触れた女子学生が、たちまちファンになるというのも、またむべなるかなといったところである。

7　金日磾の場合――漢と匈奴

前漢――漢族の原国境

前章に引き続き、ここでは少々毛色の変わった前漢人を紹介したい。

前漢は、中国最初の統一帝国である秦の版図をほぼ受け継いだ、東アジア最大の世界国家だったが、その秦よりもさらに壮大であったというのは、前漢が、中国周囲の諸民族をあらかた呑み込んで、いわば最初の中華世界としての秩序を現出したというところにあるだろう。

そのことをもう少し詳しく説明するならば、つまり、華夏《かか》の民（いわゆる中国人で、漢民族として認識される人々）も夷狄《いてき》の民（中国の周囲に居住する民族で、東夷・南蛮・西戎・北狄として認識される人々）も、ともに中国文明の恩沢と余滴を蒙り、その濃度や到達度によって序列が決定されるという、スタティック（静的）に見れば同心円状の、またダイナミック（動的）に見れば波紋状の世界である。それはいわば、孔子が述べた「北辰の其の所に居りて、衆星、之《これ》に共《むか》うが如し――北極星を中心として、星々が秩序を保って位置する――」（『論語』為政第二）ような理想的人間社会観を、国家社会観に援用したものであるともいえよう。そしてそれは当時の伝統的世界観では、中心から外延に向かって、それぞれ、王畿と五服（甸服、侯服、衛服、要服、荒服）とに区別されるものだった。

もちろん、秦以前の中国も、夏～殷（商）～西周～東周（春秋五覇～戦国七雄）と王朝が続く間に、周辺地域のみならず、中原地帯にもまた分布していた諸民族を吸収しつつ渾然一体となって、後に中国文化として成立するところのものを作り上げてきた歴史がある。たとえば、元来は南方民族系であったと考えられている楚や呉や越といった諸国、そして近年、中国考古学研究上で最大の話題となっている、四川省広漢市三星堆《さんせいたい》（中国神話にわずかに痕跡を留める蜀の縦目の王、蚕叢《さんそう》の都城遺趾とされ、その社会は稲作を基盤としており、玉と青銅器を使用し、奇怪な青銅の仮面を中心とした祭儀が行われていたらしい）を中心として広がる、いわゆる長江文明圏などは、みなその例である。*

＊さらに興味深い点を指摘しておくなら、中国最初の正統漢族的王朝として考えられる周王朝ですら、その先祖は西戎と混住していたといわれるし、中国最初の統一帝国となった秦もまた、西方で羊を飼っており、元来は西方系民族とみなされていた。しかも初めて甲骨文字と青銅器を使用したと考えられる殷（商）王朝は東夷との関連性がしばしば言及され、新石器時代に引き続く最初の黄河都市文明王国として成立したということがほぼ定説となりつつある伝説の夏王朝もまた、シルクロードを通じて到達した西方農耕文化の影響下に成立したということを、中国の学者ですら認め出しているという現状がある。そう考えると、中国文化、中国文明、そしてそれを支える漢民族

というのは、まことに長い期間を使って、自らを形成してきたということになるのである。

しかしこれらの、かつては相互に「異民族」であり「異文化」であった諸国諸民族は、秦朝までには漢字という記録媒体（プロトコル・メディア）を使用して文化的一体化を成し遂げ、中国文明のなかにすっかり融合し去った。前漢は、その基礎の上に立って、はじめて中国を官僚制度に基づいて有機的一元的に支配することができたのであり、じつにこの前漢の官僚制度の及んだ範囲（おおむね要服までで、ここまでが中国の九州をなす）が、現代にまで至る中国の変わることのない「原《ウア》」国境として、「漢族」居住・支配地域を形成しているのである。

「華夏」と「夷狄」――「原漢族」の形成

これは逆に言えば、中国の勢力は、この範囲の外――つまり荒服――には、いかに努力を払っても、また自然の勢いとしても、結局のところ決定的に及ぶことはできなかったということを意味している。朝鮮半島しかり、日本列島しかり、ベトナム（越南）またしかりであり、これらの地域ではどれほど中国文化を賛仰《さんぎょう》し、またどれほど物心両面で採用しても、ついに中国の一部にはならなかったし、またその住人たちは中国人にもならなかったのである。例外は今の中国東北、以前は満州と呼ばれた地域だが、ここは逆に、かつてこの地に発祥した女真族の王朝（金や清）が中国全土を支配したという歴史を持っている。*

＊またチベット地域およびチベット族については、殷代の姜《きょう》人、漢代の羌《きょう》族や氐《てい》族、そして唐代の吐蕃以来、長期にわたる漢族との角逐の歴史があり、現在ではもっともデリケートな政治的問題《ポリティカルイシュー》を構成しているので、本書の主題とは関係のないこともあり、あえてここでは触れぬこととする。モンゴル、ウイグル等の「自治区」についても、同様な事情が指摘できよう。

前漢代の中国は、こうして「中国（華夏）」と「それ以外の辺縁（夷狄）」とが、文化的にも、また政治的にも、明快に分かれたものとして認識されたという意味でも、重大な時代なのである。そして、この「華夏」と「夷狄」とが接触し、対立し、混合するところ、すなわち前漢の辺境においては、入植した漢人は新たに設置された郡県に居住し、また投降服属した諸民族は、「帰義（道義を踏み外していたならず者が、中華の正しい節義に戻ってきたという意味合い）」したという理由から優遇されて、「属国」と呼ばれる行政単位に組み込まれ、旧来の生活習慣を残しながら暮らしていた。

しかし年月の経過とともに両者はしだいに融合し、そこには本章の冒頭でも説明したように、それぞれの祖先の文化特性を伝承しながらも全体としては中国文明のなかで育ったという、いわば「原漢《ウァ》族」が出現していったのであった。たとえば、文帝時代に典属国（異民族統制管理長官）として朝廷に仕えた公孫昆邪《こうそんこんや》は、その名「昆邪」からもわかるように、先祖が遊牧民族の匈奴出身であると『史記』に明記されており、その息子の公孫賀になると、もはや完全に中国名を名乗って、武帝時代の対匈奴戦役に従軍している。

二人の弓の名手、李広と趙充国の出自

さらに言えば、これまでもしばしば登場したあの「飛将軍」李広も、そして武帝～昭帝～宣帝三代に仕え、黄河や長江の源流一帯の、氐《てい》・羌《きょう》などといったチベット系とされる諸族を巧みに統制し続けた老将軍趙充国《ちょうじゅうこく》も、その祖先が、あるいは騎馬・狩猟・遊牧を専らとしていた人々であったのではないかと、私はひそかに疑っている。

それというのも、『漢書』地理志と趙充国辛慶忌伝には、こういう風に書いてあるのだ。

天水・隴西、山は林木多く、民は板を以て室屋を為《つく》る。及び安定・北地・上郡・西河は、みな戎狄に迫近し、戦備を修習し、気力を高上し、射猟を以て先とす。……漢の興るや、六郡の良家子を選びて羽林・期門（いずれも皇帝親衛隊）に給し、材力（射術とされる）を以て官と為り、名将、多く出ずるなり。……此の数郡、民俗は質木にして寇盗を恥じず。（地理志）

賛に曰く、秦漢以来、山東は相を出し、山西は将を出す。……みな勇武を以て顕《あきら》かに聞こゆ。……何則《なんとなれば》、山西の天水・隴西・安定・北地の処執（勢）は、羌胡に迫近し、民俗は戦備を修習し、勇力・鞍馬・騎射を高上す。……其の風声・気俗は、古《いにしえ》より然り、今に歌謡し慷慨す

（趙充国辛慶忌伝）

これを見ると、ここに出てくる山西の六郡は、戎・狄・羌・胡などという名で古来より知られる牧羊民の居住地に近く、生活も戦法も、かれらと類似している。歌で朗々と感慨を述べるのも、現在のモンゴルではなお普通のこととして行われているし、それになにより、地理志に「民俗は寇盗を恥じず」とあるのは、後に触れるように、ヘロドトスや司馬遷の記すところの、実利を重んじて行動する遊牧民であるスキタイや匈奴の習俗と、寸分違わないところがある。

そして李広も趙充国も、ともにこうした習俗を持つ朧西《ろうせい》郡の出身であり、しかも弓の名手として知られたということは、前記の疑いを抱かせるに十分な情況証拠ではないだろうか。*

＊こんな例は、共和制ローマ時代の、北イタリアにもある。古典ラテン文学史上最大の詩人で、ローマ建国叙事詩『アエネーイス』作者であるウェルギリウスは、泉井久之助『ヨーロッパの言語』（岩波新書）によれば、元来、ケルト系の出自を持つと考えられるという。イタリア生まれで、ラテン文化とローマ精神の精華を体現しているはずの桂冠詩人が、元をただせばケルト人なのである。しかしながら、だいたいこうしたことは古代世界にはごく当然の事例で、紀元二世紀、ローマ帝国最盛期を現出した五賢帝の最高峰に位置するトラヤーヌス帝はヒスパーニアの出身だったし、唐代や元代の中国では、阿倍仲麻呂やマルコ・ポーロをはじめ、外国人が宮廷の高官として仕えることに、なんの支障もなかった。またそんなことは現代のフランスでも常識であり、言語と教養を身に

つけていさえすれば、出自も国籍も問わずに、それでもう、その文化の内部で生活する資格を持った人間なのである。だがそれにしても、そもそもこのように、多様な生い立ちを持っていながら、同時に世界文化のなかに受け入れられ生きていける――そしてそれ以外の生き方もできる――ということこそが、巷《ちまた》にいわゆる「文化多元主義《マルチカルチュラリズム》」の神髄でなければならないのではないだろうか。狭い排他的民族主義や暴力的アンチ・グローバリズムしか生み出さない、近視眼的「差異」ばかりを珍重し強調する態度や解釈は、この二十一世紀には、もう願い下げにしていただきたいものだ。たとえもしその「世界文化《グローバリティ》」が、われわれが憧れ、そして同時に厭う、あの「英語」を基盤としたものであったとしても。

均質な遊牧文化――匈奴とスキタイ

そして、こうした形で中国と接し、その形成にさいして重大な役割をはたした「夷狄」の代表として、前漢史上、最大の地位を占めるのが、モンゴル高原から東北アジア、そして中央アジア一帯に勢力を誇った、匈奴なのである。*

＊本章に述べられている匈奴およびスキタイに関しては、東京堂出版『シルクロードを知る事典』濱田執筆部分、また北海道新聞ホームページ中の「シルクロード紀行」にさらに置かれている濱田エッセイ「白楊樹（http://www.aurora-net.or.jp/doshin/silkroad/hakuyoju/）」をも参照されたい。

匈奴は、ステップという草原地帯で、衣・食・住のすべてにわたって家畜だけに依存しながら移動する生活を送っていた、遊牧騎馬民族である。かれらは家畜を養い増やすために、広い草原を求めてはるか遠くまで移動を繰り返す必要があり、またおびただしい家畜の数を減らさずに管理するためには、四方を見はるかすことのできる高い視界と早い移動速度が求められ、そこから騎馬の技術が編み出された。こうした家畜管理技術や騎馬技術が総合された結果、遊牧民は、すばらしい機動力や情報伝達の速さ、そしてみずからの利益を最優先に考えるビジネスライクな行動原理にもとづく、ネットワーク形成と組織作りの能力を発達させた。そのため、ユーラシア史の碩学である江上波夫博士が、かれらを現代資本主義者の元祖にたとえているのも、また首肯できるところではないだろうか。

ところでこの匈奴は、活躍した年代から見ても、また生活文化の面からも、ちょうど紀元前一千年紀前半、黒海北方の草原に活躍した西方の騎馬遊牧民であるスキタイ族に、ほぼ相当する存在である。

スキタイ族はイラン系民族とみなされており、他方、匈奴はモンゴル系やトルコ系だと考えるのが一般的だが、たとえばアルタイ山脈北側に紀元前一千年紀後半に造営された、典型的な遊牧民族によるクルガン形式の墳丘墓であるパジリク古墳からは、モンゴロイド形質を備えた男性の遺骸と、コーカソイド形質を備えた女性の遺骸が、ともに発掘されている。また出土遺物にも、西アジアから中国に至る文化的特徴が広く見出されており、つまり遊牧文化は、生活の場はステップということから成立の条件はおのずから限定され、また情報が伝達される速度が速いということもあって、その姿はおおむね均質だということがわかるのである。

たとえばペルシア戦争の一部始終を記録したギリシアのヘロドトスは、その著書『歴史』のなかで、スキタイ族は倒した敵の首を刈り、その頭蓋骨を酒杯とすると述べているが、司馬遷もまた匈奴について、『史記』に、匈奴はかつて、中央アジアと中国の間のシルクロード交易を取りしきっていた月氏の王を殺し、その頭を「飲器」にしたと書いている(この点、わが国の織田信長による周知の行ないには、きわめて興味深いものがある。かれは歴史に則ったのか、それとも日本列島にもこの風習が伝来・伝承されていたのか)。

それ以外にも、ヘロドトスと司馬遷というこの洋の東西の「歴史の父」は、ともに両民族の特徴を、「城郭を作らず移動する騎馬の弓士で、生きのびるためには逃げることを恥としない」と、まるで相互リファレンスしたかのように相似形で列挙しており、スキタイと匈奴が、習俗の面から見てほとんど同一であったことには、とうてい疑い得ないものがある。

したがって、その違いは要するに、かれらが接した南方の農耕世界の文化の影響によるものに過ぎないのであって、またユーラシア大陸を大きく眺めれば、氷河期終了以降、とくに新石器時代以後は、東の人類はモンゴロイド「的」、西の人類はコーカソイド「的」という配置の枠組みは基本的に変わっていないのだから、遊牧民にもまた、東アジアに近いところでは新モンゴロイドとして寒冷地適応を受けた人の割合が多く、西アジアからヨーロッパにかけては、ペルシアやメソポタミアやエジプト、そしてアルプス~地中海あたりに分布していた人々と形質的に近い人の割合が多いというのも、当然のことだろう。

大遊牧帝国、匈奴

さてその匈奴は、『史記』によれば、先祖の名が「淳維」で、あるいはかつての種族名が「獫狁《けんいん》」とか「葷粥《くんいく》」であったなどと記されているが、これらの名はみな、要するに「匈奴」の音のバリエーションである。*

*それにおそらく、匈奴《フン》という名称自体が、「にんげん」といった意味合いのことばなのである。これに関しては、戦前の知られざる碩学、早稲田卒業で国士舘で教鞭を執ったこともある言語学者、中島利一郎の著書『武蔵野の地名』(新人物往来社、昭和五一年十月)所収の論文「難訓地名の研究」が、おおいに興味深い示唆を与えてくれる。

紀元前三世紀ごろから北方草原に勢力を広げはじめた匈奴は、冒頓単于《ぼくとつぜんう》(単于とは王のこと)の治世に最も強大になり、モンゴル高原と中央アジアのオアシス諸国を支配する、大遊牧帝国を築いた。秦は中国統一後、蒙恬《もうてん》将軍の活躍によってその勢力を北方に押しやったが、前漢建国直後の高祖劉邦は、この単于の率いる騎馬軍団に白登山（平城、現在の大同付近）で包囲されて命からがら脱出し、以後、匈奴は中国にふたたび侵入と略奪を繰り返すようになった。

この結果、前漢は毎年、絹や食料など大量の貢物を送っては匈奴を懐柔する一方で、国境の警備を厳重にして守りを固め、ひたすら匈奴との全面的対決を避ける戦略を取った。そして文帝から景帝の時代にかけては、呉楚七国の乱という劉氏血族の諸王国が引き起こした大内戦はあったものの、対外的にはおおむね平和を維持しつつ、国内経済を発展させながら、その資金で軍事力を整備していったのであった。

前漢の河西回廊奪取

そうしてついに、前漢がその持てる物量と人的資源のすべてを結集して、匈奴に対して逆襲に転じたのが、武帝の時代なのである。この対匈奴戦役のころ、中国には李広、衛青、霍去病、李陵（中島敦の名作「李陵」を読まれよ）などといった名将が、綺羅、星のごとくに輩出したのだが、それはちょうど、つい最近の二十世紀における第二次世界大戦時に、アメリカにアイゼンハワー、ブラッドレー、パットン、マッカーサーなどの諸将が出現して、それぞれ赫赫たる戦功を挙げたことを思い起こさせる。

この前漢の対匈奴作戦の発動によって、匈奴の勢力は、ふたたび北方の草原へ向けて、じりじりと押し下げられていった。そして前漢の攻勢は、黄河の北へ向かう動きから、しだいに黄河の西に広がるゴビへ、つまり河西へとその重点が移っていき、ついには中央アジア、シルクロードへの通路である、河西回廊(現在の甘粛省の省都蘭州から黄河を渡った以西の地で、北には砂漠が広がり、南は祁連山脈がそびえ、その狭間を縫う回廊地帯に、いくつものオアシスが連なる)とよばれる地帯を奪取し、匈奴の勢力を駆逐するにいたったのだった。

前漢の支配に入った河西回廊には、匈奴の逆襲を防ぎ、また兵站のための交通を保護するために、まず橋頭堡として軍の駐屯地が置かれたが、それらは烽燧《ほうすい》(烽火台)、連絡ルートの役割をはたす長城、そして塞《さい》(とりで)のシステムによって、緊密に結びつけられていた。監視哨である烽燧には戍卒《じゅそつ》という警備兵が置かれ、塞には急襲救援用の騎兵隊である騎士が駐屯して、かれらに食糧を供給するための屯田兵(これらは田卒〈農作業〉、倉卒〈倉庫管理〉、水卒〈水路管理〉、漕卒〈運送〉などの兵種に細分されていた)を守っていた。もし匈奴が侵入すれば、戍卒はすぐに狼煙《のろし》と灯火で警報を発し、それを受けた騎士はただちに塞を出て、匈奴を撃退しに向かうのだ。

このような方法で確保された河西回廊には、その後は、以前の辺郡と同様に、先住民の居留地たる属国が置かれ、また漢人にとっては流刑地として、そして困窮農民の移住開拓地として、しだいに民間人が入りこみ、そうした民衆を統制するために内地と同様の行政制度が施行され、ついに紀元前一世紀の前半までには、武威《ぶい》・張掖《ちょうえき》・酒泉《しゅせん》・敦煌《とんこう》という河西四郡が、あいついで設置された。したがって、こうした情勢下における匈奴と前漢との抗争は、中国人の西への開拓発展に対する匈奴の妨害という形に、しだいに転化していったのも、また当然だったろう。

その一方では、匈奴の捕虜になりながら苦節十三年、大月氏（現ウズベキスタン〜アフガニスタン）へ派遣された史上最初の中国人使節としてシルクロードを踏査した張騫《ちょうけん》の偉業があり、その中央アジアと西アジアに関する報告に基づいて進められた、李広利将軍による大宛《フェルガーナ》遠征とその勝利とによって（このとき、中国が汗血馬という優秀な馬種を獲得したことは有名である）、紀元前一世紀の前半には匈奴はついに中央アジアの支配権をも喪失し、西域三十六国と呼ばれたタリム盆地のオアシス諸国もまた、漢の西域都護（都護とは、「都《すべ》て護《まも》る」の意で、天山山麓――北道――および崑崙山脈北麓つまりタクラマカン砂漠南縁――南道――をすべて保護――支配の別名――するからこう呼んだ）の支配下に入ることとなる。そして匈奴は内紛と分裂を繰り返した後、元帝時代、呼韓邪《こかんや》単于が前漢の宮廷から送られた王昭君《おうしょうくん》を閼氏《あつし》（王妃のこと。えんし、とも読む）とするにいたって、完全に前漢に服属したのだが、これらのシルクロードにまつわる史実に関しては、優れた多数の概説書を、どうか御参照いただきたい。

いつも変わらぬ辺境の風景

ところで、こんな風景を、私たちは、いつかどこかで目にした記憶はないだろうか。……そう、舞台は広い大平原で、そこにはカウボーイが牛の群を追い、幌馬車隊や駅馬車を襲うアパッチ族が出没する。それを救おうとして、ラッパの響きとともに砦から出撃する騎兵隊の襟首には、砂除けの黄色いリボンがひらめいている。ゴールドラッシュのあおりでつい最近開かれたばかりの貧弱な町の安酒場には、身を持ち崩した流れ者や怪しげな賭博師が一攫千金を夢見て夜な夜な集まり、居留地に押し込められて騎兵隊に協力し、情報を提供するまでに零落した先住民も、また出入りする。あるいは逆に、抵抗する先住民に武器を売りつける密輸商人は、谷間の岩陰でひそかに相手を待っている……。

そう、ジョン・ウェイン主演、ジョン・フォード監督による、あの忘れ難い、数々の西部劇《ウェスタン》の場面を想像すれば、それはほとんどぴったりと、前漢の西北辺境の姿に重なるのである。もちろんこの場合、アメリカ先住民を匈奴、ライフルを弩、電信を狼煙に、それぞれ置き換えねばならないのは、言うまでもない。しかし、そんなことは些細な違いで、要するに開拓地の姿というものは、二千年前も、二百年前も、大して変わりがないということさえご理解いただければ、それでいいのである。*

＊さらに思い起こすならば、紀元前五八年から五一年にかけて戦われ、カエサルとウェルキンゲトリクスの死闘によって決着した、ローマによるガリアのケルト人征服も、また本邦平安朝初期の坂上田村麻呂による対アテルイ(悪路王)戦役も、みなこうした西部劇的辺境開拓——当然征服者側から見た立場として——の系譜のなかで捉えることができるだろう。前者を考えると、本来、北イタリアのポー川流域全体まで広がっていたガリア(アルプスのこちらのガリア《ガリア・キサルピーナ》)が、ローマの植民進出によって、しだいに辺境ではなくイタリアの一部となって、そこを足がかりとしてアルプスを越えたガリア《ガリア・トランサルピーナ》(現在のスイス、フランス、ベルギー)までがローマの版図とラテン文化圏に入ったものであり、私たちはかつての辺境が中央に同化していくさまを、そこに見ることができる。また後者について見れば、これはヤマトによる東国〜東北〜蝦夷地(北海道)征服の実質的発端とも言えるできごとであって、以後日本列島の東半分の地域は、平将門、安部貞任・宗任、藤原三代、シャクシャイン、コシャマインなどの例に見られるとおり、辺境開発とその軋轢から生ずる叛乱とを繰り返しながら、日本国の一部となっていくという道のりをたどるのである。そしてこうした、先住者・入植者をともに巻き込む苦闘は、わが国においてはじつに近代の北海道になお明瞭に見ることができたのであり、パレスチナにおいてはいままさに激しく繰り広げられているのであるから、人間の文化形成の営みというのは、まことに業の深いものだとしか、私には言えないのである。

こうした歴史を経て、五胡十六国時代の終わりごろまでには、匈奴はついに中国人のなかに融け込んでいってしまったが、それでもその痕跡は、今日なお残存しているらしい。

数年前に内蒙古自治区を訪れたときに、文物考古研究所のある先生と話をする機会があったが、モンゴル名を持つその先生が、話のなかで「私は匈奴族だよ」と自慢するのである。さすがに驚いて、どうしてそれがわかるのかと訊ねると、先生によれば、爪の形が平たいか丸いかで、匈奴族と漢族の区別がつくというのだ。また昨年には、西安の陝西省博物館の先生に伺ったところでも、陝西省には、先祖が匈奴である人々の住む地域があるということだった。

亡国の記憶――金日磾プロローグ

しかしこうした記憶は、河西が中国の境域に入って間もない前漢代ならば、はるかに鮮烈に残存していたはずであるが、もしその出自が王族であったとすれば、その意識はさらにいっそう強烈なものとなったでことであろう。そして亡国の悲運に遭いながら、王子としての矜持を失わず、しかしその矜持を、あくまで第二の故国、たとえ憎くとも受け入れざるを得ない運命の国としての漢への、誠実な態度に転換して示した人物が、これから述べる、金日磾《きんじってい》なのである。そうして、恨みを表わさぬその心持ちには、やはり同時代の中国人とは、少々違うものがあるようにも見えるのだ。

河西回廊の支配者、渾邪王と休屠王

金日磾について語るためには、まず武帝時代の、いまだ匈奴の手中にあった河西回廊を振り返らねばならない。

すでに述べたように、この河西回廊は、河西四郡、すなわち武威・張掖・酒泉・敦煌の四つの町に代表される、いくつものオアシスの連なりからなっている。これらのオアシスは、元来、南の祁連《きれん》山脈から流れ出て、北のバダインジャラン砂漠へと消えていく融雪河川沿いにできた渡し場兼給水場だったものであり、始めは月氏《げっし》（禺氏《ぐうし》とも呼ばれ、タクラマカン砂漠南縁、西域南道のオアシス都市ホータン特産の玉を中国に運送した）などの交易民族によって、休憩所や物資の集積所として利用されたものと思われるが、匈奴によって月氏が駆逐された後は、単于に服属する藩王である渾《こん》邪《や》王（昆《こん》邪《や》と記すときもある）と休屠《きゅうと》王（きゅうちょおう、という読み方もある）が、その配下の部族とともに家畜を放牧するための、領地となっていた。*

＊このとき月氏の王は殺されてその頭蓋骨を匈奴の酒器にされ、現在のウズベキスタン～アフガニスタンの地帯に逃れた月氏は大月氏国を形成したが、なお匈奴に対して復仇の意思を捨てていないという情報を匈奴の捕虜より聞き込んだ武帝が、大月氏と同盟して匈奴を挟撃する意図で派遣した使節が、中国最初のシルクロード踏査者、張騫なのである。

青年将軍霍去病

そしてこの両王を打ち破り、その手から河西回廊を奪取したのが、青年将軍霍去病《かくきょへい》である。かれは驃騎《ひょうき》将軍――快速の軽騎兵を率いる意――の称号を与えられ、六回出撃して不敗の記録を誇るが、二十代前半の若さで亡くなった。その墓は、かれの早世を惜しんだ武帝によって、武帝の墳墓である茂陵の陪塚として造営され、現在では茂陵博物館となっており、かつて墓の周囲を飾っていた、巨大な「匈奴を踏む石馬」像が、いまも当時の威容をそのままに残っている。また霍去病の異母弟となるのが、本書では例の問題児、昌邑王にからんでしばしば登場する、大実力者・大政治家の霍光《かくこう》であることは、とうに読者はご承知のことだろう。

二人の匈奴王の降伏

霍去病が渾邪王と休屠王を降伏に追い込んだのは、かれの六度の出撃のうち、五回目に当たる、武帝元狩二年（紀元前一二一年）の秋のことだった。この事件は、『漢書』武帝紀、匈奴伝、衛青霍去病伝、霍光金日磾伝に、それぞれ長短細粗が微妙に異なる形で収録されているので、ここではそれらを適宜参照しながら、荒筋をまとめておくこととしよう。

この年、霍去病は驚くことに春と夏にも出撃しており、いずれも河西回廊で大戦果を挙げている。二人の匈奴王は、霍去病の率いる精鋭軍によってそのつど叩きのめされ、とくに春の攻撃のさいに、渾邪王はその子を捕えられ、休屠王は「祭天金人」（一種の位牌ないし御幣のようなものと注釈されている）を奪われるという大失態を演じており、捕虜・死者数万に及ぶ大敗と併せて、その責任は免《まぬが》れ得《う》べくもなかった。

はたして匈奴単于は烈火のごとく怒り、渾邪王を召喚して処刑しようとした。これはおそらく、渾邪王が河西回廊戦域軍総司令官というようなポストにあったから（後に武帝が霍去病に与えた表彰状のなかで、渾邪王は「西域王」と呼ばれている）、代表してその名が記されているのだろうと思われる。だからもちろん、副官格であったに違いない休屠王の責任が、不問に付されるはずもない。

そこで両王は相談し、単于に殺されるくらいならいっそのこと降伏して助かろう、ということで話がまとまる。生きのびるチャンスをつかむのは匈奴として恥ずべきことではないし、また前漢の方も、戦争にかかるコストをできるだけ低減するために、莫大な恩賞金と地位身分の保証という寛大な条件でもって、匈奴の降伏を誘っていた。

渾邪王はさっそく、ひそかに黄河の国境地帯まで使者を送って、降伏するための受け入れと誘導の手はずを整えるよう要求した。早馬によってこの知らせを受けた武帝は、あるいはこれは謀略かもしれないと疑い——というのは、武帝自身がかつて、長城の関門のある馬邑《ばゆう》という田舎町で、単于に対して似た形の謀略をしかけて待ち伏《アンブッシュ》せを企《たくら》み、そして失敗した前歴があったからだ——、そこで霍去病に命じて、十分な軍勢を整えた上で、注意して降伏を受理するよう送り出したのだった。

休屠王の最期

以下の科白《せりふ》は、当然のことながら、私が『漢書』の記述より推測したものである……。

やがて密約した期日が訪れ、黄河を渡って整列した、軍装も物々しい霍去病の精鋭部隊を目にして、投降の準備も整った匈奴の集団に、あらためて脅えが走った。

――見ろ、中国皇帝は何を考えているのだ。降伏を受け取りに来たのは、われらにとって最悪の疫病神の、霍去病ではないか。ヤツは苦労知らずの若僧で、人の気持ちなどわかるようなたまではない。だいたい、自分の部下が飢えているのも気づかずに訓練ばかりするような無神経な人間だから、降伏といったって、いつ気を変えて襲って手柄にするかもわからない。そういえば、漢には、そうした前科があったではないか。やったのは、飛将軍の李広だ。たしか朧西郡太守のとき、降伏させた羌人たちを、騙してみな殺しにしたのだった。あの温厚な李広までがそんなことをするのだから、霍去病など、はなから信用できるものか。見ろ、あのぎらぎら磨きあげた戟《げき》を林のように立てた騎兵どもを。あれが、もし一斉に前に突き出されたら、俺たちは、いったいどうなる……。

大きな塊になっていた匈奴の隊列の、やがて一角が崩れ、さらに別の一角が崩れだし、やがて思いもよらぬ状況の変化に慌てふためく馬上の渾邪王を尻目に、その武将である裨《ひ》王たちが、その軍勢や家族とともに、われさきに逃げはじめた。しかも渾邪王が驚愕したのは、ともに降伏の密議をこらした、腹心の休屠王までが馬首をめぐらし、妻と息子の隠れる天幕《ゲル》を乗せた大馬車に合図して逃げ去ろうとしている姿だった。

――待てっ。いま逃げたらおしまいだ。全員が、破滅なのだ。渾邪王は馬を走らせ、休屠王の傍らに駆け寄って叫ぶが、振り向いた休屠王の顔を見て、もう絶望だと悟った。目は宙に踊り、恐怖にもはや我を失っているのだ。

――もう駄目だ。やはり降伏などすべきでなかったのだ。俺は金人を失い、天の怒りに触れたのだから、単于に誅殺されて当然だったのに、それを助かろうなどと欲を起こしたから、その罰を受けたのだ。俺は止める。単于のもとへ戻る。戻って、報いを受ける。

――この、意気地なし！　叫びざま、渾邪王は径路刀《アキナケース》を抜き放ち、休屠王に突き立てた。

――夫よ！　お父さん！　天幕の内側から悲鳴が上がる。あたりには土埃が立ち込めた。

これをはるかに眺めていた霍去病は、うむとうなずいた。やはり謀略だったのだ。見よ、敵の両翼が広がっている。包囲されてたまるものか。霍去病は、采配を振り上げて叫んだ。

――構え、戟《ほこ》！　目標、王の天幕！　突撃！

馬の腹を蹴って匈奴の陣営に駆け入った漢軍は、逃げる匈奴を、老若男女の別なく、当たるをさいわい殺戮しはじめた。

——斬れ！　斬れーっ！　抵抗できぬ者は捕えよ！　そいつらは帰義の降者ではない、漢朝に背いた犯罪者だ、戦時捕虜だ！　捕えて手柄にせよーっ！　霍去病の、甲走った鋭い声が響く。

——待て！　待ってくれ！　降伏する、俺は降伏するーっ！　馬を下りた渾邪王は、必死に叫んだ。

たちまち馬を寄せてきた霍去病が、渾邪王を見下ろす。霍去病の背後には、護衛兵が弩を構えて、油断なく周囲に目を配る。

——あなたは渾邪王だな。なぜこんなことになった。どうして約を破った。

——わからぬ。なにが起こるかは、もはやだれにもわからぬ。だが私ははじめから、降伏する意志は変わっていないのだ。頼むから、私の一党だけは助けてくれ。帰義の降者としての扱いを、受けさせてくれ。

——では、その者たちを指し示しなさい。高不識《こうふしき》、李敢《りかん》＊！　渾邪王を丁重に護送せよ！

＊この場面、二人の校尉（幕僚将校）の存在は、実際の史料には見えないが、けっして根拠もなく出したわけではない。かれらはこの元狩二年の時期、実際に霍去病の幕僚を務めており、高不識は匈奴系漢人で、当然のことながら、通訳としての役割をはたしたであろう。また李敢は李広の子で、

この後の元狩四年、李広が作戦遂行に失敗して自殺した遠因は大将軍衛青の不公平な部署配置にあると逆恨みして衛青を殴り、衛青はそれを隠していたが、それを知った霍去病は衛青の甥であることから、武帝が狩猟を楽しんだ機会を捉えて、扈従していた李敢を射殺したという因縁の連鎖がある。さらにこの李敢の甥が、あの悲運の李陵なのである。

では迚《とて》ものことに、この場面の史料を、原文のまま掲載しておこう（必要と思われる注だけつける）。『漢書』の記述の、コンパクトで臨場感あふれる見事さは、つまり、こういう感じのものなのである。

●秋、匈奴昆邪王殺休屠王、并将其衆、合四万余人、来降。（武帝紀）

●其秋、単于、怒昆邪王・休屠王居西方為漢所殺虜数万人、欲召誅之。昆邪・休屠王恐、謀降漢。漢、使票騎将軍、迎之。昆邪王殺休屠王、并将其衆、降漢凡四万余人、号十万。（匈奴伝）

●其後、単于、怒渾邪王居西方為漢所破亡数万人以票騎兵也、欲召誅渾邪王。渾邪王、与休屠王等謀降漢、使人先*要道辺。是時、*大行李息、将城河上、得渾邪王使、即馳伝、以聞。上、恐其以詐降而襲辺、乃令去病、将兵往迎之。去病、既度河、与渾邪衆相望。渾邪裨王将、見漢軍、而多欲不降者、頗遁去。去病、乃馳入、得与渾邪王相見、斬其欲亡者八千人、

遂渾邪王乗伝先詣行在所、尽将其衆、度河。降者数万人、号称十万。（衛青霍去病伝）

●於是、単于、怨昆邪・休屠居西方多為漢所破、召其王欲誅之。昆邪・休屠恐、謀降漢。休屠王後悔、昆邪王殺之、并将其衆、降漢。（霍光金日磾伝）

＊道は導と同じ、李息は人名、大行は外国の賓客の世話をする官。

太子から馬飼へ

こうして渾邪王とその配下の裨王三十二名は霍去病に降伏し、武帝から、それぞれ列候の爵位を与えられて優遇された。またその四万の部衆も、五つの属国に分散させて、河西回廊の武威と酒泉の地に、そのまま住まわせたのである。

だが投降以前に逃亡した者たちは、反逆者／戦闘員と見なされて殺され、その数は八千人の多きにのぼった。さらに捕虜となった者たちも罪人として扱われ、休屠王の家族、つまり閼氏《あつし》、それに十四歳の太子とその弟である王子の三人は、「父、降らず殺見《ころさ》る」ということで、国家の所有物となって黄門という役所に配属され、馬を飼育させられることとなった。

そして、この太子こそが、霍光と並び称せられる前漢の大忠臣、金日磾となるのである。ちなみに、かれの姓である「金」は、父である休屠王の祭っていた、金人に由来するという。

金日磾の出世のきっかけ

金日磾の伝記は短いが、その人となりを知るにふさわしい逸話が並んでいる。

まずは、青年に成長した金日磾が、はじめて武帝に目をかけられるきっかけとなった場面である。

武帝、游宴し、馬を見《けみ》す。後宮、側《かたわら》に満つ。日磾等数十人、馬を牽《ひ》きて殿下を過ぎ、窃視せざるもの莫《な》し。日磾に至り、独り敢えてせず。日磾、長八尺二寸、容貌は甚だ厳めしく、馬また肥えて好し。上、異《あや》しみて之《これ》に問うに、具《つぶさ》に本状を以て対《こた》う。上、焉《これ》を奇として、即日湯沐《とうもく》と衣冠を賜い、拝して馬監と為し、侍中駙馬都尉光禄大夫に遷す。

宴席に連なる後宮の美女たちを、物珍しさの誘惑に負けて、ちらちらと目を上げて見ない馬の口取りたちはいなかったのに、ひとり金日磾だけは厳格に規則を守り、顔を伏せて歩いていく。しかもその上背は驚くほど高く（約一八九センチメートル）、面魂もまた素晴らしくいかつい（もしかするとかれは、コーカソイド系だったのかもしれない）。素性を問えば、正しいことば遣いで、包み隠さず答えるその態度は、さすがに元の王族だけのことはある。武帝は、たちまちかれを気に入り、側近のひとりとして取り立てたのだった。

金日磾の人柄

では金日磾はどんな人柄だったかというと、厳しすぎるといっても過言ではないほど、謙虚に身を処した、そんな人生を送った人物として記されている。

日磾、既に親近し（親しく用いられてからというもの）、未だ嘗て過失有らず、上、甚だ之を信愛す。賞賜するに千金を累《かさ》ね、出ずれば則ち驂乗《そえのり》し、入れば左右に侍《はべ》る。日磾、左右に在りて自《よ》り、目で忤視《ごし》（まともに見返すこと）せざる者数十年《こと》、賜うに宮女を出すも敢えて近づかず、上、其の女《むすめ》を後宮に内《い》れんと欲するも、肯《が》んぜず。其の篤慎は、此の如し。上、尤《もっと》も之を奇異とす。

「いまだかつて過失あらず」というのが、漢の朝廷にあって金日磾の恐るべきところだと思うのだが、そのためには、武帝に仕えているかぎり、けっして目を合わせることはせず、美女を賜わることも辞退し、さらには娘を後宮に入れてやろう、つまりもし手がつけば、場合によっては皇族の外戚に連なることも許されるのだぞ、という武帝の誘いにも、ぜったいに乗らないほどに、その身を慎んでいるのである。

それどころか、幼いころから武帝に「吾が児」と呼ばれるほど可愛がられた自分の長男が、年ごろになってそうした待遇に増長したあげく、御殿の下で宮人と淫らなふるまいをしていたところを目撃した金日磾は、ただちにこれを殺しているのである。このとき、むしろ怒りと悲しみをあらわにしたのは武帝の方だったが、金日磾の誠実な事情の説明に感動した武帝は、ますます金日磾を尊重するようになったという。

臣は外国人なり

しかし、なにもここまで厳格にしなくとも、金日磾ほどの人物ならば、まちがいなく身を全うすることもできたのではなかろうかとも思われるのだが、やはりそこには、匈奴族の出身で、しかも敗北した反逆者の子というハンデからよって来たる、並々ならぬ苦労と気配りとがあったのだろう。じっさい、かれがこれほどまでに目をかけられることを妬《ねた》んだ武帝の親族や貴顕人士のなかには、

陛下、妄《みだ》りに一胡児を得て、反《かえ》りて之を貴重す。

——どうせ出自もでたらめの匈奴の小僧をあんなに大事にするなんて、陛下もどうかしておられる——

などと陰口を叩くものもいたらしいから、かれが真に王族の出であるか否かについては、漢の朝廷において、つねに悪意の疑問がさしはさまれ続けたものであるとも考えられるのである。

また、自分が敗残の匈奴であるというコンプレックスも、最後までかれ自身の心から消えることはなかったようだ。そのため、晩年の武帝が病床で、まだ八歳の幼い少主、すなわち後の昭帝

の輔佐を霍光に頼み、霍光がその役目を金日磾に譲ろうとしたとき、それを辞退した金日磾は、このように答えている。

臣《やつがれ》は外国人なり。且つ匈奴をして、漢を軽んぜしめん。

――もし私のような外国人、それも匈奴が中国の皇帝の御守りをするなどということになったら、すぐさま匈奴に甘く見られてしまいます――

こう考えると、娘を武帝の後宮に入れなかったのも、やはり敗残者の、しかも疑いすら持たれた血統を、漢室にまじえることを潔しとはせぬという慎みもあったのだろう。

だがそれよりなにより、所詮、滅びたものはもはや滅びたものなのであって、いまさらそうした形で匈奴王家の血筋を漢朝に混ぜて復興させようというような、さもしい根性と感覚は、元来貴人として育った金日磾は、はじめから持ち合わせていないのだ、というのが私の意見である。

宦官中行説――漢と匈奴の比較文化論

こうした金日磾の生き方の根底には、やはりというか、母閼氏《あつし》の教育が与《あずか》って、おおいに力があった。

日磾の母、両子を教誨するに甚だ法度あり、上、聞きて之を嘉《よみ》す。病死し、詔して図を甘泉宮（離宮）に画き、署して曰く、「休屠王閼氏」と。日磾、毎《つねづ》ね画を見て常に拝し、之に郷《むか》いて涕泣し、然る後に迺《すなわ》ち去る。

ここに、面白い比較文化の論考がある。じつはこれは、文帝時代、冒頓単于の次に即位した老上単于のもとに、閼氏になるために嫁いだ公主（じっさいは諸侯の娘である翁主）の守り役として送られた宦官、中行説《ちゅうこうえつ》が分析したものだ。この中行説は、遠い草原の匈奴などにはちっとも行きたくなかったのだが、無理やり行くことを命ぜられ、「必我也、為漢患者——どうしても私を行かせるなら、漢の災いになってやる——」と捨てぜりふを吐いて出発していったという、とんでもない——けれども妙にナイーブでおもしろい——人物で、匈奴の宮廷に到着後は、そのことばどおり単于に降伏して、匈奴のために理論武装を行なってナショナリズムを鼓舞するイデオローグに、すっかりなり切ってしまったのだった。

さてこの裏切り者の中行説が、後から派遣されてきて匈奴に対する中国の文化的優越性を説こうとする漢の使者を、次から次へと小気味よく論破するのだが、その議論は、匈奴の生活文化観が手際よく要約分析されていて、現代においても十分に通用する、見事な比較文化論となっているのである。

漢使、或いは言うらく、「匈奴の俗、老を賤《いや》しむ」と。中行説、漢使を窮《きわ》めて（議論で追いつめて）曰く、「而《なんじ》漢の俗、屯戍従軍、まさに発すべきは、その親、豈《あ》に自ら温厚肥美を奪して、行く者に飲食を齎送《せいそう》せざらんや？」と。漢使曰く、「然り」と。説曰く、「匈奴は明らかに攻戦を以て事と為す。老弱、闘う能《あた》わず。故に其の肥美を以て壮健を飲食せしめ、以て自衛す。此の如くして、父子 各《おのおの》 相い保つを得。何を以て、匈奴は老を軽んずと言うや？」と。漢使曰く、「匈奴、……父死すれば、其の後母を妻《め》とり、兄弟死すれば、尽く其の妻を妻《め》とる。冠帯の節、闕廷の礼無し」と。中行説曰く、「匈奴の俗、……父兄死すれば、則ち其の妻を妻《め》とるは、種姓の失わるるを悪《にく》むなり。故に匈奴、乱るると雖《いえど》も、必ず宗種を立つ。今、中国、陽《うわべ》は其の父兄の妻を取らずと雖《いえど》も、親属、益《ますます》 疏たれば、則ち相い殺して、至《すなわ》ち姓を易えるに到らんは、皆、此の類従《たぐいか》らなり。……嗟《ああ》、土室の人、顧みて喋《ちよう》喋《ちよう》佔《せん》佔《せん》すること無かれ。冠、固《もと》より何ぞ当たらん？」と。

——漢の使節が、「匈奴の習俗では、老人を賎しむじゃないですか」と言った。中行説は、やりこめはじめた。「あなたら漢の習俗では、警備勤務や従軍のときは、たしか親がみずからの分である温かく栄養のあるものを、すべて出征する者に送り届けるのではなかったですかな？」「そうですよ」と使節が言った。すると中行説は、「匈奴の仕事は明らかに戦争ですぞ。老人子供じゃ戦えんのです。だから栄養物は壮健者に食べさせて、それで自衛しておるのです。こうして父も子も生き存えるというわけですよ。それをどうして、匈奴は老人を軽視しているなどとおっしゃるのですかな？」と言った——

——漢の使節が、「匈奴は、……父が死ねばその後妻をめとり、兄弟が死ねばその妻たちをすべてめとります。服装の礼式も、宮廷の礼式もありませんね」と言った。中行説は、「匈奴の風習では、……父兄が死ねばその妻をめとるというのは、宗家が断絶してしまわないようにするからなのです。だから匈奴では、(王権の)相続が混乱しても、かならず宗家を立てることができます。もし(前漢王朝の)中国が、うわべの礼儀で父兄の妻をめとらずに、その結果親族がどんどん疎遠になって殺し合いを始めたとすれば、きっとお家は断絶、王朝交替にまで至ってしまうでしょうが、それはみな、こうしたことから起こるのですよ。……まったく、土壁の家に住む人たちは、よく考えてから喋っていただきたいものですな。だいたい冠などつけて、なんになるのです」と言った――

まるで、これから二十年ほど後に起こる前漢の最大の内戦である、呉楚七国の乱を予見したような中行説の言だが、それはともあれ、ここでかれが述べたいのは、匈奴の方が、毎日が生存との戦いである分だけ、つまりハングリーである分だけ、表面的な付き合いでこと足りる中国よりも、よほど実《じつ》をもって一家の団結と協力、それに一族の繋がりを大切にするのだ、ということなのではないだろうか。たしかに考えてみれば、なにかといえば家族親戚一同が集まるのが普通であったわが日本も、経済が豊かになって個人の自活自立の条件が整うにつれて、家は核家族化し、ついには一つ屋根の下で何年も顔を見せない「引きこもり」すら出現し、それが社会的に無視できない数にまでのぼってきているという事実がある。

だから、漢の軍勢にいまだ滅ぼされざる以前、中行説が称揚したころのままの習俗のもとで育ったはずの母親にしつけられた金日磾が、昔ながらの匈奴風の、深い恩愛のモラルを身につけていても、そこには、なんの不思議もない。そしてそのことは、母親の肖像画に対する、形式にはまらぬ、まごころ溢れる態度から、はっきりと感じ取られるのである。

もしここで私が、いかついけれども純朴な容貌の外国出身力士たちを思い浮かべるといったら、それは偏見と不謹慎の謗りを免れないだろうか。

金日磾の晩年

こうして金日磾は謹厳な廷臣として終始し、武帝晩年にはその体軀を生かして、宮廷クーデタの叛乱首謀者を宮殿の階《きざはし》から地面へ襟髪を引っつかんで投げ落とすなどの活躍振りも見せたりするのだが、じつはどうやらこのころから、金日磾は、少しずつ体調を崩しはじめていたらしい。そして臨終の武帝の枕元で車騎将軍の位を拝命し、霍光の副官として幼帝を輔佐したのだが、それからわずか一年で病臥し、武帝の遺詔によって列侯に封じられて、世を去った。

思えば、降伏した渾邪王たちがその時点で与えられた列侯の地位に、金日磾はその死の直前に、ようやくたどり着いたということになる。また、かれが従った霍光は、かれの父の命を奪うきっかけとなった、あの霍去病の異母弟であるというのも、いうにいわれぬ縁《えにし》のようなものを感じずにはいられない。

「外国人」としての意気地

こう考えてくると、金日磾は、晩年――といっても五十歳に満たない――にいたるまで、その内面は、頭の先から足の先まで、徹頭徹尾、匈奴的な感覚に染めあげられていたとは考えられないだろうか。

そしていかに漢朝に身を捧げた忠臣であったとしても、心中には、どんなことがあろうと表面には出さない匈奴王族としてのプライドをしっかりと懐《いだ》き、またそれとともに、自分の父と一家の生活を滅ぼした漢に対する無念の思いと、そこから派生する運命論的諦観とを、金日磾がけっして手放してはいなかったとすれば、かれが武帝に示したあくまで従順で恭謙な態度というのも、それはあるいは、「原漢族」とはなり得ずに「外国人」のまま、中国に最後まで心を開かなかった金日磾の、滅びた王族としての、意気地のあらわれだったのかもしれない。

そしてその自恃の表現は、やはり他の前漢人とはいささか違って、穏やかではあるがずっと屈折し、そして沈殿したものであるように、私には思えるのである。

8 剣とプライド——「按剣」と「撃剣」

剣はプライドの体現

前漢代の人々が剣を所持していたことは、疑いない事実である。しかし、『漢書』や当時の木簡史料を読んでいると、剣はどうやら戦争に使用する集団的兵器というよりも、むしろ個人的な武器であったようである。

ところで剣は、よし個人的武器であるにせよ凶器であることに変わりはなく、したがって人間を殺傷するはたらきを持つ。しかし、そうした人命を奪う威力を持ち、またその長さによって人の腕の能力を実体的にも象徴的にも増幅させる、この剣という道具は、そのため人間にとっては、い、か、ら、み、ず、か、ら、の意志を表明するための媒体ともなる。すなわち剣は、人間の身体の動作をも、またその動作によって表現される意志をも、ともに増幅させ、剣を手にする人に尋常ならぬ威力を憑依させ、しかも同時に、他人におよぼす影響力を増大させるのだといえよう(このあたりの考察については、バーナード・ルドフスキーの名著『みっともない人体』〈加藤秀俊・多田道太郎共訳、鹿島出版会、一九七九年〉が参考になる)。

前漢代においても、剣がこのような、いわば人類学的・宗教学的な権威装置として機能したことは間違いないが、他方では、これまで見てきたように、前漢代の人間は自侍と自己主張がきわめて強烈で、みずからの言い分を通すためなら暴力にさえ訴え、そのことによって自分の命を失うことすら厭わなかった。それは倫理よりも、むしろ権威と面目の問題だった。だから剣とは、前漢人にとってなにより大切なプライドというものを、眼前に体現するものとして、決定的に重要なアイテムだったのである。そのため、それはまさに、江戸時代の武士における刀と同様の意味と意義とを持っていたともいえよう。

本章では、そうした剣と士大夫との関わりを見るなかで、かれらのキャラクターを浮かび上がらせてみたいと思う。

小権力の行使

ではまず、前漢代における剣のこうした使い方のあらわれのひとつである、「按剣」について考察することにしよう。

「按」とは、『説文解字』によれば、

按、下すなり。

とあり、清の段玉裁『説文解字注』によれば、

手を以てこれを抑え下しめるなり。

とある。また、「按」は「撫」と等しく、「撫」には「安」の意がある。他に「按」は「止」「控」などの意でも使われ、これらのことから考えると、「按」のあらわす動作は、「手を使って対象物を押し下げ、動作の結果を得た後に、その動作を止め、結果を安定させる」ものであると思われる。そのため、そこから「物事を調べ考え（しかるのちに調べた「動作」の結果を得て——明らかにし得て——）安んじる」という意味が派生してくるのであろう。したがって、「按剣」もつまり、「剣に手をおろし、下に押しさげ、その動きをそのまま止めて安定させておく」というものになると思われる。

　他の史書と同じく、『漢書』の中にも、数は少ないが、「按剣」という語、ないしその表現する情況の例が見られる。いまそれを、時代順に解釈していくことにしよう。

　按剣の動作が『漢書』にあらわれるのは、前八六年、霍光が昭帝を即位させたその年のことである。当時、武帝の末子である昭帝はわずか八歳で、武帝の遺詔を受けた大司馬大将軍である霍光が全権を握った独裁者であり、「政事、壱に光に決す」という状態であった。

　このころ、宮中で奇怪な一事件が起こった。

殿中、嘗て怪あり、一夜群臣相い驚く。光、尚符璽郎を召す。郎、光に授くるを肯《がえ》んぜずし

て、光、これを奪わんと欲す。郎、按剣して曰く「臣の頭、得るべし。璽、得るべからざるなり」と。光、甚だこれを誼《よ》しとす。

ここで発生した「怪」とは具体的にはわからないが、顔師古注の推測によれば、「恐るらくは変難あり」ということであるから、クーデターか、もしくはそれに近い政治危機があったのではないだろうか。ときは幼帝の即位直後、しかも密室の帝位委譲劇であって、その不透明性はすでに人の口の端に上っていたということもあり（『漢書』霍光金日磾伝によれば、衛尉王莽の子で侍中の忽がそうした疑惑を揚言し、霍光は父親に圧力をかけ、忽を殺させたことがあった）、昭帝——つまり霍光——の政権が安定していたとは決して言いきれない。またそのことは、霍光が帝権をあらわす御璽を「収め取らんと欲」している（この部分、各注釈いずれも「欲収其璽」の四字が本文から脱落しているとみる）ところからも推測できるが、こうした事態は、よほど特別のことであろう。これは帝権を一時的に奪うということであり、それはあるいは幼帝の生命が危険な状態に陥ったという事実をあらわしているのかもしれない。

ともかくこれは非常事態であって、他人に御璽が渡る場合が生ずる可能性もあり、もしそうなったならば、当然、霍光自身が不利になる危険性も大きい。霍光は、「小心謹慎、未だ嘗《かつ》て過ち有らず」、あるいは「人と為り、沈静にして詳審」と言われる人物であり、冷静に細かい判断ができる霍光が、無理に璽を奪おうとするような超法規的行動が要求されると考えるほど焦った、そうした緊急の事態であったにちがいない。

そして、こうした危急存亡のときに、郎の取った行動は「按剣」であり、態度としては、「臣頭可得、璽不可得也――私の首は取れるが、璽は奪えないぞ――」という発言であった。つまりこの時点で、郎は皇帝権を背負っており――つまり小権力を分け持っており――、たとえ相手が大将軍といえども、自分の権力の源泉をゆずることはできないのである。それはただちに自分の分け持った小権力の侵害を意味するのであり、侵害者に対しては、たとえ自分の命を失っても、小権力を行使する形でみずからの言い分を通そうとするのである。したがってそこには、権力侵害者に対する怒りの感情が生まれることも、また確かであろう。

ここに「按剣」の動作が生ずる。そして剣に手を置き、そこでいったん止めることによって、相手に、自分が次の動作（抜剣）に出る覚悟であることを知らしめ、相手を脅すという効果も生ずる。

ところが一方で、公的な場での抜剣は反逆であり、それに対しては格殺～斬首（格殺とは剣で打ちかかり格闘して殺すこと）という結末が待ち受けていることも、また郎には周知の事実である。しかし郎にとっては、それでもかまわないのである。それが「臣の頭、得るべし」という発言にあらわれているといえよう。

したがって、按剣のあらわす意味として、ここから考えられるのは、

① 怒り（この場合、相手が自分の小権力を侵害しようとすることに対するもの）
② 自らの言い分（小権力を行使すること）を死んでも曲げないことを示す
③ それを示すことにより相手を脅迫する

の三点であろう。

ちなみに霍光は、この郎の行為に対して、殺すかわりに、自分が折れて出ることによって大様《おおよう》なところを見せる。ここで、焦った霍光から、ふたたび沈着冷静で計算高い霍光が現われるのである。そして翌日、この郎を素早く加増する（小権力を更に分与する）ことによって、郎を味方につけたのみならず、「衆庶、光を多とせざる莫《な》し――やっぱり霍光だな――」と、評判を上げるのである。つまり、このようにして霍光は、自分がけっして表面に出ることなく人を操り、しかも厚遇することによって当事者の口を封じ、みずからも好評を博するのだが、このエピソードが、「光がどのような人となりかを世間が知りたがった――初めて幼主を輔《たす》け、政、己より出て、天下、其の風采を聞かんと想う――」という記述の後に、それを具体的に示すものとして出てくるところに、かならずしも霍光に肯定的な評価を下さなかった『漢書』の意図が感じられるであろう。

朝議での「按剣」

次に「按剣」の例の見られるのは、元平元年（前七四年）のことであり、ここにもまた霍光がからんでいる。この年、昭帝が後嗣のないままに崩御し、群臣は、武帝の最後の存命の子である広陵王胥を支持するが、王は行ないに問題があり、霍光としては不安・不満であった。そこで霍光は、さきに昭帝を立てたときと同様に、クーデター的に、武帝の孫である昌邑王賀を即位させようとした。

ここでまたもや、かの昌邑王騒動とあいなるのだが、このときの霍光のやり方は、一人の郎を抱き込んで上書させ、周代の例を挙げて、即位の大義名分を証明させたものであった。『漢書』は、霍光が仕組んだとまでは書いてはいないが、それでも、この時の上書は、「言、光の意に合い」、その結果「光、其の書を以て丞相の敞等に視し、郎を擢《てき》して九江太守と為す」ことになったと書かれており、この上書のタイミングと、それに対する過大な行賞は、裏工作の疑いを抱かせるに十分である。

このようにして昌邑王は一時的に即位するが、王もまた第4章と第6章で見たように、不品行で、見込み違いの人物であった。そこで霍光は、昌邑王即位の際と同一の手口で、ふたたびクーデターを画策するのである。そして、このたび、霍光の意を汲んで殷の伊尹の例を引き、新皇帝廃位の大義名分を証明したのは、光のもとの部下、現大司農の田延年《でんえんねん》であった(ところでこの人の伝記は、やはりというか、酷吏伝の中にある)。

『漢書』には、このときの模様が、「霍光金日磾伝」と「酷吏伝」の二箇所に記されている。それは、次のごとくである。

A　光、迺《すなわ》ち延年を給事中に引く。……遂に丞相・御史・将軍・列侯・中二千石・大夫・博士を召し、未央宮に会議す。光曰く「昌邑王、行い昏乱《こんらん》す。恐るらくは社稷を危うくするならん、如何?」群臣、皆驚愕して色を失い、敢えて発言する莫《な》く、但《た》だ「唯《ハイ》、唯《ハイ》」のみ。而して延年、前《すす》みて席を離れて、按剣して曰く「先帝、将軍に属するに幼孤を以てし、将軍に寄するに天下を以てす。将軍、忠賢なるを以て、能《よ》く劉氏を安んずるなり。今群下鼎沸《ていふつ》し、社稷まさに傾かんとす。且つ、漢の諡《おくりな》を伝うるに、常に孝とつくるは、長く天下を有し、宗廟をして血食せしむるを以てなり。如《も》し漢家をして祀《まつり》を絶たしむれば、将軍、死するといえども、何の面目もて先帝に地下で見《まみ》えんや。今日の議、旋踵《せんしゅ》するを得ず。群臣、応ずるに後れるあらば、臣、請うらく、剣もてこれを斬らん!」光、謝して曰く「九卿、光を責むる、是なり。天下匈匈として安んぜず、光まさに難を受くべし」と。ここに於いて、議者、皆叩頭して曰く「万姓の命、将軍にあり、唯《た》だ大将軍令せよ」と。(霍光金日磾伝)

B　昭帝の崩ずるに会し、昌邑王、位を継ぐも淫乱なり。霍将軍、憂懼し、公卿とこれを廃するを議するも、敢えて発言する莫し。延年、案剣して群臣を廷叱(宮廷で叱りつけること)し、即日、議、決す。(酷吏伝)

A　光迺引延年給事中……遂召丞相御史将軍列侯中二千石大夫博士会議未央宮。光曰「昌邑王行昏乱、恐危社稷、如何？」羣臣、皆驚愕失色、莫敢発言、但「唯唯」而已。田延年前離席按剣曰「先帝属将軍以幼孤、寄将軍以天下。以将軍忠賢、能安劉氏也。今天下鼎沸、社稷将傾。且漢之伝謚、常為孝者、以長有天下、令宗廟血食也。如令漢家絶祀、将軍雖死、何面目見先帝于地下乎？　今日之議不得旋踵、羣臣後応者、臣請剣斬之！」光、感謝曰「九卿、責光、是也。天下匈匈不安、光、当受難」。於是、議者、皆叩頭曰「万姓之命、在於将軍、唯大将軍令」。

B　会昭帝崩、昌邑王、嗣位、淫乱。霍将軍、憂懼、与公卿議廃之、莫敢発言。延年、案剣、廷叱羣臣、即日議決。

BはAのダイジェストと見てよいが、要するにこれは、霍光が田延年に因果を含めて主動させたクーデターであり、田延年が論功行賞されているのは当然であろう。

ではここで、田延年が按剣する動機と、その情況を見てみよう。まず、田延年の背後で操っているのは霍光であり、それあるからこそ、田延年も安心して按剣という思い切った行動に出られるということがある。そして、按剣していったん動作を止め、まわりを睨みつけることによって、群臣を威圧するのである。しかも延年は、口では霍光による昌邑帝廃位の提案の正当性を述べたて、最後に「ぐずぐずする者は斬るッ！」と脅迫（廷叱《ていしつ》）する。このことからしても、按剣の直後には「抜剣」～「斬」の動作が引き続くことがわかるのである。

またその名分は、気後れする者を皇室安泰という目的に対するサボタージュと見なし、それを罰するということであり、罰として「斬」ることもいとわないのである。つまり、「剣」によって「斬」るということは、犯罪行為に対する処罰なのである。そこで田延年は、犯罪行為とみなされ処罰される前に、はやく態度を決めよと廷臣たちに迫っていることになる。

しかし一方で、群臣が一致反対し、田延年――霍光――の企図が失敗するという可能性も存在する。そのさいは、霍光は態度を豹変させて田延年の突出した態度を非難し、すべての責任を田延年一人に負わせることも、また間違いない。そのときには、田延年は急転直下、公式の場での按剣――抜剣直前――によって、自分の方が反逆罪に問われかねない。田延年は、こうした危険も、当然、予想しえたであろう。

田延年の人柄

ではなぜかれは、このような剣呑《けんのん》な役割を引き受けたのか。それについては、田延年その人の人柄を見る必要がある。

田延年は、左馮翊陽陵の人で、その先祖は斉の田一族である。その出身地左馮翊は、もとの秦の内史の地で、『漢書』地理志によれば、「五方雑厝《ざっさく》（厝は錯と通じ、いりまじること）、風俗不純、其れ世家たれば則ち礼文を好み、富人たれば則ち商賈にして利を為《つく》り、豪傑たれば則ち游俠にして姦と通ず。…軽薄にして易く盗賊となり、常に天下の劇となる」とあり、元来、激しい気風のところで、そこで育った田延年も、そうした環境の中で、そのような気風を身につけたと思われる。現にその経歴を見ても、「材略を以て大将軍の莫府に給事し、霍光、これを重んずる。遷りて長史となり、出て河東太守となり、尹翁帰《いんおうき》（右扶風を公正無私に勤めあげた名吏である）等を選抜し、以て爪牙となし、豪彊を誅鉏《ちゅうそ》（ころすこと）して、姦邪も敢えて発せず」という剛腕ぶりを見せている。

また田延年は、後に横領の汚職が発覚し、霍光がこれを救おうとして様々に画策し、周囲の人々もまた、例によってその意を汲んで動いたが、田延年はこれを拒否し、同時に罪を裁かれることもまた拒んで、その結果「即ち閤を閉じ、斎舎に独居し、偏袒・持刀し、東西に歩む。数日して、使者、延年を召し、廷尉に詣らしむ。鼓声を聞きて、自ら刎《はね》て（頸動脈を掻き切って）死す」という、激しい最期を遂げるのである（ちなみに、かれの死においては、当然霍光の恩顧に対する忠誠心もあるだろうが、それ以上に借りを作りたくないという自尊心が強かったものと思われる）。

つまり田延年は、元来こうした武張った性質の持ち主であり、同時に人の言うことには死んでも従わないという頑《かたく》なさも持ち合わせていたのである。だから、霍光の使嗾によってクーデターの火付役になったときも、万が一自分が不利になったとしても、それは自分の意志で動いたことなのであるから、死んでも悔いはないという覚悟を持っていたと考えてよいのである。

したがって、田延年における「按剣」の行動からは、次のような諸点が指摘しうる。

① すぐに刀剣にものを言わせようとする激しい性格
② 自ら死しても自分の非を認めず、あくまで言い分を通そうとする
③ 相手を斬るか自分が死ぬかという覚悟を示し、それによって相手に決心を促し、威迫する

①には当然、怒りの感情が含まれるであろう。また、自刎《じふん》とは、みずから断罪し、みずから罪に服するという意味を持っているということを、ここで指摘しておこう。

「竪子、衆をはばまんと欲するや！」

次に見る史料は、西域でのできごとである。時代は元帝の建昭三年（前三六年）のことで、当時、匈奴の郅支単于《しつしぜんう》（単于は、匈奴の大王の称号）は、呼韓邪単于《こかんや》と反目したあげく、使節として赴いた漢の衛司馬谷吉《こくきつ》をも殺害して漢にも反旗を翻し、康居（現ウズベキスタン周辺）を服属させ、事実上、中央アジアから西アジアの支配権を握る動きを示していた。そこで漢は、都護として甘延寿《かんえんじゅ》を、副校尉として陳湯《ちんとう》を派遣し、西域を保持させることにした。

しかし、郅支単于の勢力の盛んなことを知った二人は、主に陳湯の主導によって、一気に郅支単于を滅ぼそうとする計画を立てる。

ところが、ここで甘延寿が中央政府に奏上して伺いを立てようとしたことによって、二人の間

に齟齬が生じる。その部分は、『漢書』傅常鄭甘陳段伝には、こうある。

湯曰く、「国家、公卿と大策を議すらん。凡の見る所に非ず。事、必ず従わず」と。

まずここで、陳湯が、上奏することに対して反対しており、その理由として、「国家＝天子は別としても、その相談する相手はぼんくらども(凡)なのだから、何もわからぬままに折角の計画をつぶすに違いない」ということを挙げているところに注目したい。

これに対し甘延寿はなお承服しなかったが、偶然かれが病気に罹《かか》ったのをいいことに、陳湯はほとんど、反逆に近い行動に出る。そのときの情況は、以下のとおりである。

(陳)湯、独り制を矯《た》め、城郭諸国の兵・車師の戊己《ぼき》校尉の屯田の吏士を発す。延寿、これを聞きて驚き、起ちて焉《これ》を止めんと欲す。湯、怒りて、按剣して延寿を叱りて曰く「大衆、すでに集会す。豎子《じゅし》、衆を沮《はば》まんと欲するや！」と。延寿、遂にこれに従う。

湯、独矯制、発城郭諸国兵、車師戊己校尉、屯田吏士。延寿、聞之驚、起欲止焉。湯、怒、按剣叱延寿曰「大衆已集会、豎子欲沮衆邪！」延寿、遂従之。

すなわち陳湯は、独断で詔勅を偽造し、西域に展開している漢の駐屯軍および同盟軍を招集するのである。甘延寿が驚き、病身を押して制止しようとするのも当然である。なんとなれば、これによって両名は、中央政府によって処刑されることはほぼ確実となるからである。

だが陳湯はこれに対して激しく怒り、ここで「按剣」し、さらに「もう遅い、豎子《きさま》(延寿のこと)

は、まだ止める気か」と言うのである。

ここで、「豎子」という呼びかけに注目すると、鴻門の宴のさいに、ついに劉邦を謀殺できなかった項羽に対して范増が怒り罵るときに、やはりこのことばを発していることが想起される。『史記』項羽本紀によれば、

亜父《あほ》、玉斗を受けてこれを地に置き、抜剣して撞きてこれを破りて曰く「ああ、豎子、与《とも》に謀るに足らず。項王の天下を奪うは、必ず沛公なり。吾が属《やから》、今これに虜とせられん矣」と。

とあり、亜父こと范増は、ここでは怒りのあまり、すでに「抜剣」して、張良より――つまり劉邦より――贈られた玉斗を突き壊して罵るのである。この場合、いわば戦乱の中の超法規的状態であるから、抜剣などなんでもないことである――まして范増は項羽の軍師である――と考えられるが、それでも、ここで抜剣した范増の心理は、後代における「按剣」の行為のさいの心理状態と、きわめて近いのではないだろうか。なぜならば、このとき、范増が「豎子――この餓鬼《ガキ》！――」と項羽を呼ぶ理由は、自分の頭脳に絶対の自身を持つ范増にとって、項羽が「ともに謀るに足りない」ぼんくらだからである。

つまり、豎子＝ぼんくらと考えると、陳湯が甘延寿を罵るときの心理状態も、より明確に説明がつく。陳湯は、それ以前から、中央の高官たちを「凡」として見下げており、そんなぼんくらどもの判断をわざわざ仰ごうとする甘延寿の遵法主義は、それに輪をかけた愚かさ加減であると

考えるのも、また当然である。したがって、すでに集結の終わった軍勢を前に、病み衰えた甘延寿がよろめき出てきたとき、陳湯の心には、「いまだに物事の後先のわからない、血のめぐりの悪い、このぼんくらめが、この俺の見事な計画をぶちこわしにしようとしている」という、怒りと軽蔑の気持ちがこみ上げてきたに違いない。そこで陳湯は「按剣」の行動に出、甘延寿を脅しつけて、結局はみずからの言い分を押し通すのである。つまりここでも、「按剣」には、

①怒り
②言い分を通す
③脅迫する

という、三つの要素が揃っていることになるのである。

またじっさい、陳湯は、軍団を編成し終わった直後、甘延寿を引き入れて「上疏し、自ら制を矯めしことを劾奏す」と、死をも恐れない決意を示しているのである。しかし、これに関しては、もう少し陳湯の性格を見なければならない。

陳湯の性格

陳湯は、山陽郡瑕丘県の人であり、「少《わか》くして書を好み、博《ひろ》く達し、文を属《しょく》するに善し」と、博学で文才に恵まれており（この「善属文」を、小竹訳『漢書』では、「文章を造ることが巧みであった」と訳

しているが、顔師古注によると、「属、音之欲《ショク》反。」となっており、これは「善囑文」〈代筆屋としてうってつけだった〉と取る方が、後にかれが奏上文の代作などをしているという記述と前後照応するのではないか）、成人してからも、「湯、法令に明るく、善く事に因りて埶《わざ》を為し、説を納れれば多く従う――湯、明法令、善因事為埶、納説多従――」と評価されている（この箇所を小竹訳『漢書』では、「湯は法令に明るく、うまく事件に乗じて勢力を得、説を納れるとたいてい採用された」と訳しているが、この「埶」は「藝《リテラシー・スキル》（芸）」の意と取って、「事情に応じて自在に弁論を操る技術を見せた」と解釈するほうが適切なのではないか）。

　要するに陳湯は、豊かな知識と弁舌、それに文章力を武器に、その場に応じていかようにでも人を言いくるめるのが、きわめて得手なのである。しかも一方では、みずから西域行きを希望し、「湯、人と為り沈勇、大慮有り、策謀多く、奇功を喜ぶ」ところもある。すなわち、頭が良く、計算が立ち、説得力があり、自信家で、しかも他人を軽蔑しているのである（陳湯は、西域における軍の動きを、長安に居ながらにして言い当てたことがある）。

　こうした性質から考えるに、甘延寿と二人して自分たちを劾奏したときも、陳湯はもちろん死を恐れるわけではなかったが、それよりはむしろ、うまくみずからを正当化して中央を説得し、罪を問われずにすむという成算と自信が、すでにかれの心中にはあったのではないか。実際に、郅支単于を滅ぼして帰還する途中、丞相・御史の意を受けた司隷校尉によって験問（事情聴取）のために止められた時、陳湯はただちに上疏して、その文中でこう述べる。

臣と吏士、共に郅支単于を誅し、幸いに禽滅し、万里を振旅するを得るは、宜しく使者有りて道路に迎え労《いたわ》るべきなり。今、司隷、反りて逆に収繫按験するは、是れ郅支が為に讐《あだ》を報ゆるなり。

——手柄を立てて戻ってきている忠臣を歓迎するどころか訊問するとは、まるで単于のために敵討ちをしてやるようなものではありませんか——

みずからを巧みに正当化するこのレトリックによって、元帝はすぐさま丸めこまれるのである。したがって、陳湯が詔勅を偽造することなど、なんとも思っていなかったことは明白である。

結局、陳湯もまた、

①　周囲を見下げているから自信を持って思い切った行動を取り

②　その行動を妨げようとするぼんくらには怒りを発し

③　脅して言い分を押し通すために「按剣」する

ことは、前の例と変わりがない。ただ陳湯は、まるで現代アメリカの弁護士なみに、ことば巧みに人を説得してしまえるという才能をも併《あわ》せ持っているというところが、他者とやや違うといえるであろう。

「蕭育、杜陵の男子なり！」

次の史料は、成帝治世のことであるが、正確な年代はわからない。ただこの史料の当事者は蕭《しょう》育《いく》という人物であり、この人を引き立てたのは大将軍王鳳であるので、史料の年代の範囲は、王鳳の大将軍就任の年、建始元年（前三二年）から王鳳死去の陽朔三年（前二二年）までのある時期、その中でも蕭育が王鳳の指示を実行しそこなって一時免職される以前のことであるので、前二十年代の前半のことと考えられよう。

この蕭育という人は、名儒で御史大夫の位まで昇った蕭望之《しょうぼうし》（終章に登場する）の息子である。『漢書』蕭望之伝によれば、

大将軍王鳳、育の名父の子たりて、材能を著わすを以て、除して功曹と為し、謁者・使匈奴副校尉に遷す。

と、毛並みの良さ以外にも、自分自身で才能を持っていたことがわかる。

ところが、次に出世をして茂陵の県令になったときに、かれが「按剣」するにいたるできごとが起こる。蕭望之伝によれば、次のようである。

（蕭育、）後に茂陵の令に為りて、会《たま》ま課ありき、育、第六なり。而《しか》して漆の令郭舜は殿《しんがり》なりて、責問に見《あ》う。育、これが為に請う。扶風、怒りて曰く「君、課第六なり、裁《わずか》に自ら脱《まぬか》る。何の暇ありて左右の為に言うや？」と。罷りて出ずるに及び、伝うるに「茂陵の令を召し、後

曹に詣り、まさに職事を以て対《こた》うべし」とあり。育、径《ただ》ちに曹に出ず。曹の書佐、随いて育を牽く。育、佩刀を案じて曰く「蕭育、杜陵の男子なり、何んぞ曹に詣らんや！」と。遂に趨《いそ》ぎ出て官を去らんと欲す。明旦、詔して召し入れ、拝して司隷校尉と為す。

（蕭育）後為茂陵令、会課、育、第六。而漆令郭舜殿、見責問。育、為之請。扶風、怒曰「君課第六、裁自脱、何暇欲為左右言？」及罷出、伝「召茂陵令詣後曹、当以職事対」。育、径出曹。曹書佐、随牽育。育、案佩刀曰「蕭育、杜陵男子、何詣曹也！」遂趨出、欲去官。明旦、詔召入、拝為司隷校尉。

つまり、蕭育が勤務考課成績最下位の同僚――規定により罰を受ける――のためにとりなしたことが――自分だって合格ぎりぎりで、大きな態度に出られたものではなかったのだ――、逆に上役の右扶風太守を怒らせてしまったのである。そこで右扶風は、後曹に呼び出して問責しようとする。後曹とは、罪を取調べ処分を決定する部門であるから、要するに蕭育は、ほとんど容疑者としての扱いを受けようとしているのである。あまつさえ、後曹の役所へ出頭して門を入ると、書記が蕭育に寄りそって、まるで犯罪人であるかのごとくに、取調べ室へと引き立てようとする。

この時点で、蕭育は腹を立てた。彼は、案（按）佩刀し、さらに「俺は杜陵の男子だ、こんなところに出頭できるか！」と叫んで、すぐに辞職しようとするのである。

この状況をより詳しく見ると、そのありさまは、次のようであろう。すなわち、いま蕭育は、後曹を囲む塀に設けられた門屋《ゲート》で登記を済ませて役所の前庭に入ったところであり、まだ建物の中には入っていない。蕭育のすぐ傍らには、門屋から出てきた受付の書記がいる。書記は、蕭育の出頭の事情についてあらかじめ通知を受けており、そこで蕭育をつかまえて、建物へ引いていこうとしている。ここで蕭育が刀に手を置いて足を踏んばり、捨てぜりふを吐いて書記を睨みつける。そのため、書記はその気勢に押されて、手を放す。そこで蕭育は、結局役所の建物へは入らないまま、後ろを向いて、大股に後曹の門を出ていくのである。

この状況推測が当たっているとすれば、ここでもまた按剣（刀）の動作には、

①　怒り

②　威圧

の要素が入っていることになる。

ここでもし蕭育が抜剣したら、死罪は疑いない。しかしかれは、それをも辞さない気勢を示したので、書佐ももはや、なにもできなかったのであろう。そして結局は事態は穏便にすんでしまうのみならず、逆にこの行動がなんらかの形で幸いして、翌日の大出世につながるのであるが、それは別としても、この時点では、蕭育はみずからの命を顧みず、言い分を通そうとしていることはたしかであろう。

また蕭育は、「自分は杜陵の男子である」と述べるが、杜陵県は京兆尹（もとの秦の内史）に属し、

先にも触れたように、この地は軽薄な劇地で、風俗も華美であり、游俠の気風もあるところであり、この蕭育の取る行動、つまり、友人の過失をとりなす、「案佩刀」する、捨てぜりふを吐く、すぐ職を辞そうとするなどは、まさにこの軽薄・任俠の気風に合致するところである。

父蕭望之も

さらに、じつは蕭育の父である蕭望之にも、最初に仕官しようとしたさいに、これと似た騒ぎを引き起こした前歴がある。

時代はまたもや霍光のときであり、当時霍光は、上官桀《じようかんけつ》一味のクーデターを鎮圧したばかりで、身辺警備はとくに厳重であり、霍光に謁見を望む吏民は、みな服を脱いで身体検査を受け、武装（刀兵とあるので、剣、刀、削刀などだろう）を解除して、両側から吏にはさまれて出頭せねばならなかった。ところが蕭望之伝によれば、

（蕭）望之、独り聴くを肯《がえ》んぜず、自ら閤を引出して曰く、「見《まみ》ゆるを願わず」と。吏、牽持して匈匈たり。

という大騒ぎになる。

結局これが災いして、蕭望之はこのときの仕官に失敗するのであるが、ほとんど危険人物扱いをされて引き立てられるところなど、息子とそっくり同じである。蕭望之は、終章に見るごとく、

最後には毒をあおって自殺するが、これもかれの剛直な性格が招いた結果であり、このような父のもとに育った蕭育もまた、同様な性質を受け継いでいたのである。じっさい、蕭育も、「人と為り猛くて威を尚び、官に居りて数《たび》び免ぜられ、遷ること（出世すること）稀なり」と言われているのである。

したがって、この場合にもまた、

① 怒り
② 死んでも言い分を曲げない
③ 威圧する

の三要素が見られることは明白である。

口封じのための按剣

さて最後に挙げるこの史料には、「持大刀」とあって「按剣」ではないが、その状況はきわめて「按剣」と似ているので、例示しておくことにする。

時代は、宣帝五鳳元年（前五七〜五六）のことであり、登場するのは、楊惲《ようらん》という人物である。楊惲は、霍光・田延年とともに対昌邑王クーデターに加わった功臣、丞相楊敞の子であり（ちなみにこの楊惲は司馬遷の外孫にあたり、『史記』を世に出した歴史的功労者《キーパースン》でもあるのだ）、中郎将に任ぜられて改革に腕をふるい、光禄勲となったが、この地位にあるときに、太僕の戴長楽の告発を受ける。

この告発の原因は、元来は戴長楽の勘違いにあって、他人が戴長楽の過失を告発したのを、楊惲の仕業と逆怨みをして、楊惲の罪状を挙げて上書したものであった。

この上書には、さまざまな罪状が列挙されているが、その第一項として、楊惲がかつて富平侯張延寿との会話の中で、宣帝のことを不吉な話題として上《のぼ》せたことが挙げられている。これはおそらく、張延寿が戴長楽に対して何気なく漏らしたものであろうが、戴長楽はこれを忘れずに、楊惲の汚点として利用したのである。

さて、この上書の内容を、どのようにしてか知った楊惲は、部下である戸将の尊（姓は不明）を巻きこんで、尊を張延寿のところへ遣わし、口を封じるための圧力をかけさせようとした。そしてこの際に、「持大刀」の動作が見られるのである。


（楊）惲、…戸将の尊を召して、富平侯の延寿を戒飭《かいちょく》せしめんと欲して曰く「太僕、定めて死罪数事あらん、朝暮の人なり。惲は幸いに、富平侯と婚姻あり。今、独り三人のみ坐す。侯に、『時に惲の語を聞かずと言わば、自ずから太僕と相い触れるなり』と語れ」と。尊、曰く「不可なり」と。惲、怒りて大刀を持ちて、曰く「富平侯の力を蒙り、族罪を得ん！　惲の語を泄《も》らし、太僕これを聞きて乱余の事をせしむる毋《な》かれ」と。（『漢書』公孫劉田楊蔡陳鄭伝）

（楊）惲、…召戸将尊、欲令戒飭富平侯延寿曰「太僕定有死罪数事、朝暮人也。惲、幸与富平侯婚姻今独三人坐。語侯『言時不聞惲語、自与太僕相触也』」。尊、曰「不可」。惲、怒持大刀曰「蒙富平侯力、得族罪！　毋泄惲語、令太僕聞之乱余事」。

——楊惲は、戸将の尊に命じて、富平侯の張延寿に厳しく念押しさせておこうとして尊に言った。「太僕戴長楽にはまちがいなく死刑ものの罪がいくつかあって、明け暮れ長いことのない人間だ。私は幸い、富平侯とは姻戚だし、今この事にかかわっているのは、私と戴長楽と張延寿の三人だけだ。だから、お前は、侯に、『当時惲がそんなことを言うのを聞いたことはないと証言すれば、それで太僕の上書と抵触し、太僕が誣告したことになるのです』と言ってこい」。尊は「いやです」と答えた。惲は怒って大刀を持って、「富平侯のために私は一族皆殺しだ。お前も今の私のことばをうっかりしゃべって、太僕にこれ以上好き勝手をさせるようなことをするなよ」と言った——

つまりここで、楊惲は、尊に張延寿の口を封じさせようとし、それが失敗すると、こんどは尊の口も封じようとする。その際に、まず怒りを発して大刀を持ち、「富平侯のせいで私は破滅だ」と、その場にいない張延寿に対して怒りをぶつけ、次に大刀を持ったまま、尊に黙っているよう脅しつけるのである。したがって、この楊惲の場合にも、怒りと相手に対する威圧という、二つの要素が見られることは確かであろう。

「己にさからう者あらば、必ずこれを害せん」

では、楊惲はどういう人柄か。楊惲は、京兆尹華陰県の人である。だからかれもまた、軽薄華美な首都圏の気風の中に育ったことになる。また、毛並みの良さも抜群である。さらに『漢書』によれば、楊惲の性格は、「殿中に居りては廉潔無私、郎官、公平と称す」ものであったが、一方では「然るに其の行治を伐《ほこ》り、性は刻害、人の陰伏を発《あば》くを好む。同位の己《おのれ》に忤《さから》う者有らば、必ずこれを害せんと欲す」という性格、つまり非常にプライドが高く、人を見下し、人を人とも思わぬ傲慢な性格であり、人の諫めにはぜったいに従わず、かえってこれを恨むという我の強さである。それはまた、さきほどの告発のとき、廷尉の定国が証拠を挙げて――上記の密談の記録は、じつは廷尉定国の奏文に記されたものであり、おそらく張延寿や尊を尋問して、それに基づいて作成したものである――尋問したときにも、結局「罪に服さず」と、断じて認めようとしなかったところにも伺える。

しかもこの一件の後、庶民の地位に落とされた楊惲は、なおも盛大に暮らしていたが、それを見かねて注意した友人の安定郡太守の孫会宗の手紙に対して激しく反発し、返事を書いた。その中に一貫して流れているのは、「自分は悪くないのであり、そのことがわからないおまえが愚かなのであり、その方が悪いのだ」という考え方である。しかも手紙の末尾に、「頃者《ちかごろ》、足下は旧土を離れ、安定に臨む。安定は山谷の間、昆戎の旧壌にして、子弟は貪鄙なり。豈《あ》に習俗の人に移らんや。今、迺《すなわ》ち子の志を睹《み》るかな。まさに盛漢の隆に当り、願わくば旃《これ》に勉《つと》め、多く談《かた》る毋《な》かれ――お前も田舎者の阿呆さ加減が伝染したな、もうそんな阿呆とはつきあわんからほっておいてくれ――」とあるのは、もはや悪態をついているとしか言いようがない。しかも、別の機会には、宣帝のことまで自分を捨てたとしてうらみ、「功有りて何ぞ益せん。県官、盡力を為すに足らず――天子だって、俺のことがわからぬ、努力のしがいのないぼんくらだ――」とまで言っている。

当時にあってこれが無事にすむとは考えがたいが、はたしてこの発言を告発され、また前述の手紙も災いして、楊惲はとうとう腰斬される。そのときの告発文書中に、「惲、驕奢にして過ちを悔いず」とあるのも、また当然であろう。

つまり、こうした我の強い人間であるから、どんなことがあっても自分の言い分を曲げないのであり、他人（張延寿）のせいで自分が苦境に立つと思えば、我慢できずに怒って刀を持つのであり、言い分を曲げずに通すためならば、人（尊）を威圧して刀を持つのである。したがって、ここにもまた、

① 怒り
② あくまで言い分を通す
③ そのために人を脅す

の三要素が見受けられるのであり、その意味からは、この場合の「持大刀」は、状況からすれば、

単に「刀を手にする（刀剣を武器として闘う）」のではなく、「按剣」そのものであると言えよう。

「按剣」の意味するところ

以上分析してきたことから、次のような諸点が導かれる。すなわち、

一、按剣とは、鞘に収まった剣の柄に片手を下ろした形であり、場合によってはもう片方の手を鞘に置くこともある。そして、次の抜剣の動作に移る前に、いったん動きを止めているところである。

二、この動作のあらわす意味には三つの要素がある。それは、

①　怒り

②　自分の非を認めず、たとえ死んでも自分の節を曲げず、言い分を通そうとする

③　①や②の気勢を相手に見せることによって威圧し脅迫しようとする

の三つである。

三、このときに、ことばにあらわす場合もある。

四、按剣の動作に訴える人物は、例外なく気性が激しく、自信に満ち、他人を軽蔑しており、目的遂行を妨害するものは死んでも許さないというタイプの人間である。

以上の四点であり、したがって結論としては、按剣とは、時代や背景にかかわらず、異様に自

尊心・自負心の強い性格の人物が、自分が死ぬことになっても節を曲げないという態度を示すときに出る、一つの特徴的な動作であるということがいえるのであり、個人的な武備である剣が、この用途に用いられるのもまた当然であろうと考えられ、まさに剣は、前漢人の性格をぴったりとあらわす武具だといえよう。

「撃剣」というスキル

ところで前漢代には、按剣以外にも、剣を使う動作として「撃剣」という語があり、またそれ以外にも、撃剣とおぼしき例がいくつか見られる。いまそれを列挙し、分析を加えてみたい。

司馬相如、字は長卿、蜀郡成都の人なり。少《わか》き時、読書を好み、撃剣を学ぶ。

司馬相如、字長卿、蜀郡成都人也。少時、好読書、学撃剣。（『漢書』司馬相如伝）

この史料に対する、『漢書補注』の注釈を見ると、撃剣には二説あることになっている。それは、下のようなものである。

師古曰：撃剣者、以剣遥撃而中之、非斬刺也。【補注】沈欽韓曰：学撃剣、学撃刺之法也。荘子説、剣日夜相撃於前。呉越春秋、越処女曰、竊好撃之。顔説、謬。

すなわち、まず顔師古の言う、遠くの目標にめがけて剣を投げ当てる技術であるとする説、それから、互いに打ち傷つけたり、刺したりする技術であるとする説である。後者の説は、『荘子・

説剣篇』の中に「相撃」とあることを根拠としている。なんとなれば、「相」とあれば、それは当然、「人間同士お互いに」ということを意味するだろうからである。

ところで、『史記』巻一一七、司馬相如列伝第五七の、同文の箇所に対する【索隠】には、こうある。

呂氏春秋剣伎云、持短入長、忽縦横之術也。魏文典論云、余好撃剣、善以短乗長、是也。

これを見ると、撃剣とは、剣を手に、長兵（戈、戟など）を持った相手の懐に飛び込み、縦横に振り回す（その結果、切り、突くことになる）闘技だということになる。ちなみに【考證】の方は、

沈欽韓曰、学刺撃之術也。

と、『漢書補注』とほぼ同様である。

剣技をめぐるトラブル

次に、撃剣の姿を知るための参考になるものとして、下の史料が挙げられる。この史料の中には、ある事件が書かれているが、その事件とは、一人の太子と、ある郎との、剣技をめぐるトラブルである。ちなみに、ここに現われる太子とは、淮南王劉安の太子の劉遷であり、このトラブルは、後に淮南王の破滅につながっていく。

太子、用剣を学び、自ら以為《おも》えらく、人の及ぶ莫《な》しと。郎中の雷被の巧みなるを聞き、召し

与《とも》に戯す。被、壹再に辞譲す。誤りて太子に中《あ》て、太子、怒る。被、恐る。此の時、従軍せんと欲する者有らば、輒《すなわ》ち長安に詣れり。被、即ち奮いて匈奴を撃たんことを願う。
太子、学用剣、自以為、人莫及。聞郎中雷被巧、召与戯。被、壹再辞譲、誤中太子、太子、怒。被、恐。此時、有欲従軍者、輒詣長安。被、即願奮撃匈奴。（『漢書』淮南衡山済北王伝）

いまこの事件の経緯を見ると、それは次のようなものである。まず、遷太子は、「用剣」に関して、自分の右に出るものはいないとうぬぼれている。ところが、郎中の雷被もまた、剣（「用剣」）に巧みであった。これを聞いた太子が、被を召して、「与に」「戯」しようとする。つまり、二人で、レクリエーションとして楽しもうとするのである。ところが、被はいやがり、何度も辞退する。だが結局、太子には逆らえずに、「戯」した結果、被は太子にうっかり「中《あ》」ててしまうのである（小竹訳『漢書』では、「被は一、二度は辞退し譲っていたが、ついに誤って太子に打ち中《あ》てた」と、手合わせの最中に手加減していたのだとする）。

さて、史料にしたがってこの経過を見るかぎり、「用剣」とは、明らかに、相対して剣で打ち合う技術としか考えられないのではないだろうか。その理由としては三つある。

まず、二人で「ともに」行なうということがある。もし、一人で行なうものならば、太子は横で見ていて、被にだけ試させてもかまわないわけである。しかしこれはこじつけに過ぎるかもしれないので、理由としては弱いだろう。

次に、なぜ被が、これほどまでにいやがったのかということがある。私には、単に自分の方が勝って太子を怒らせるのを恐れたためだけだとは思えない。もしも、二人で別個に行なう競技であるならば、被は、ほんの少しだけ力を抜けばよいのである。あるいは逆に、ほんとうに太子の方が強いかもしれず、そのさいには、もはやなんら問題はないだろう。ところが、もし二人相対して打ち合うならば、かりに力を抜こうが抜くまいが、相手に当たってしまう危険性は、きわめて高いのである。とくに、よほどの手だれでもない限り、相手の打ち込みを受け流しながら、しかも相手に当たらぬように打ち込むなどということは、およそ至難の業であろう。つまりここで被は、太子に当たることを恐れたがため、再三辞退したということになるわけである。

　そして、第三の理由が来る。つまり、被は結局、太子に当ててしまったのである。もしもこれが、顔師古の言うごとく「投げ当て」ゲームだとしたら、被と太子は並んで遠くへ剣を投げるはずであり、太子に剣を当てるということなど、万々起こりえない。したがって、「用剣」とは、明らかに、剣で打ち合う闘技を表わす概念であることになるのである。

　しかも、この「用剣」と「撃剣」とを比べてみると、すでに見たように、撃剣とは、互いに打ち合うものであったのだから、つまり、用剣は、撃剣と同じ概念を表わすこととなるだろう。言いかえれば、剣を「用いる」ことは、すなわち撃剣であるということになるわけである。

ゲームとしての「撃剣」

では、次の史料を見よう。

東方朔、字曼倩、平原厭次の人なり。…朔、初めて来たりしに、上書して曰く、「臣朔…十三にして書を学び、三冬にして文史用うるに足れり、…十五にして撃剣を学べり①、十六にして詩書を学べり…」

東方朔、字曼倩、平原厭次人也。…朔初来、上書曰、「臣朔…十三学書、三冬文史足用、…十五学撃剣、十六学詩書…」（『漢書』東方朔伝）

①師古曰：撃剣、遥撃而中之、非斬刺也。【補注】劉攽曰：撃剣、今有此戯、非遥撃也。

この史料は、東方朔の上書の中の、みずからの履歴に当たる部分である。ところが顔師古は、ここの注釈でも、撃剣のことを、遠当てゲームだと主張する。だが、【補注】の方を見ると、顔師古の説を否定するとともに、「今でもこの〈戯〉がある」と書いているのである。

ところで、「戯」とあるからには、これは一種の競技、ゲーム、技芸の類という意味であろう。したがってここで、遷太子と被のトラブルを想起する必要がある。かれらは、「用剣」つまり撃剣を、「戯」として行なったのであった。だから、撃剣は、やはり顔師古の主張とは逆に、打ち合う相手があってはじめて成立する性質の技芸なのだということが言えるのではないだろうか。

撃剣の社会的位置付け

このように、撃剣の意味するところが明確になってきたので、次に、撃剣の社会的位置付けについて触れていく。史料に現われる人物は、さきほど名が出た、名官吏の尹翁帰である。

尹翁帰、字は子兄、河東平陽の人なり。杜陵に徙《うつ》る。翁帰は少《わか》くして孤たり、季父と与に居る。獄小吏と為り、文法に暁習し、撃剣を喜みて、人の能《この》く当たる莫し。…会《たま》ま田延年、河東太守と為り、県に行し、平陽に至り、悉く故吏の五六十人を召す。延年、親しく検に臨み、文有る者は東、武有る者は西せしめ、数十人を閲し、次して翁帰に到るも、独り伏して起つを肯《がえ》んぜず、対《こた》えて曰く、「翁帰は文武兼ね備えたり、唯《ひと》り施設する（この場にはばかっている）所なり」と。

尹翁帰、字子兄、河東平陽人也。徙杜陵。翁帰少孤、与季父居。為獄小吏、暁習文法、喜撃剣、人莫能当。…会田延年為河東太守、行県至平陽、悉召故吏五六十人。延年親臨検、令有文者東、有武者西、閲数十人、次到翁帰、独伏不肯起、対曰、「翁帰文武兼備、唯所施設」。

（『漢書』趙尹韓張両王伝）

尹翁帰は、清廉で、断固として正義の裁きをつけたことで知られ、右扶風まで出世した人である。ところで、いまこの記述の中では、文法＝文、撃剣＝武を表わしているようである。少なくとも、尹翁帰自身がそう考えていることがわかる。なぜならば、尹翁帰は法律を駆使した文書事務処理、つまり文法に通じ、しかも撃剣が好きだったわけだが、そうした本人が、みずからのことを、「文武兼備」だと述べているからである。またこの場合、武＝撃剣は、役人の素養として考えられるようだ。それは、武の素養によって採用されることが可能だからである。

時代は戻るが、楚漢抗争の英雄、項羽もまた、書と剣を学んだことがある。

（項）籍、少《わか》き時、書を学びて成らず去り、剣を学びて又成らず去る。（項）梁、之《これ》を怒る。籍曰く、「書は姓名を記すに足るのみ、剣は一人を敵するものにて学ぶに足らず、万人を敵するを学ぶのみ」と。

（項）籍、少時学書不成去、学剣又不成去。（項）梁、怒之。籍曰、「書足記姓名而已、剣一人敵不足学、学万人敵耳」。（『漢書』陳勝項籍伝）

いまこの史料に見られる、この「学剣」が、「学撃剣」と同一であることは、ほぼ間違いないであろう。そして、これまでの分析を基《もと》に、さらに敷衍して言うならば、つまり、「剣」を「学」ぶとは、「用剣」・「撃剣」の技芸に熟達するということなのである。

ところで、ここでは若き項羽は、少年の時に修むべき素養と――項梁はそう考えているから怒った――される剣と書を、ただの技芸としてしか看做《みな》していないようである。だがこれはつまり、項羽が、剣や書の素養を、保身や出世につながる単なる実用技術だとしか考えていないのを示すというだけのことであろう。元来が項羽は、そんな形での体制内的な立身などはとうから目指していないので、そこで当然ながら、この二者を無視するのである。さらにここで項羽の言葉を見ると、そこには、「剣一人敵不足学（剣は一人を相手にするだけで学ぶ必要などない）」という部分がある。ということは、これを逆にいえば、「剣は一人を相手にするもの」だということであろう。

ともかく、項羽という、後に大反乱戦争を指導するこの軍事的天才が、剣については、このような認識を持っていることは、少なくとも確かである。したがって、撃剣が、二人で打ち合う闘技であり、しかもそれは、戦闘用のものではなく、個人の争闘用の技芸であり、また剣とはそうした用途に使われるものだということが、ここでもまたわかるのではないだろうか。

さて、これらの史料の分析より知られることは、司馬相如も東方朔も、そして項羽も、ともに少年時代に撃剣を学んでおり、しかもそれは、読書や作文とペアになって現われる、教養的側面――ただし実用的でもある――を持つということである。これはまた、尹翁帰の場合にも同様である。さらに、遷太子のことを振り返ると、元来、侯王には武器私有（私造）が許されないはずだが、それにもかかわらず、太子が用剣を好んでいるという事実がある。ということは、あるいは、剣は「武器」ではない、つまり「戦争用の兵器」としては看做《みな》されないことが、そこでは示されているのかも知れない。だとすれば、太子もまた、他の人々と同様に、教養のひとつとして、「用剣」を学んだということになるのである。

さらに振り返ると、前漢代には、少年時代に撃剣を学べる環境が存在していたことも、これらの諸史料から、また確かなようである。

剣は君子の武備

のみならず、剣というものは、「君子」によって、非常に重んじられてもいるのである。その例を、以下に見ていくことにする。

勝之（暴勝之、直指使者）、素より不疑（雋《しゅん》不疑《ふぎ》、勃海郡の文学）の賢なるを聞きて、勃海に至りて吏を遣わし、与《とも》に相見《まみ》えんことを請う。不疑、進賢冠を冠《かぶ》り、櫑具《らいぐ》剣を帯び、環玦を佩び、褒衣、博帯、盛服にて、門に至りて上謁す。門下、剣を解かしめんと欲せば、不疑曰く、「剣は、君子の武備にして、以て身を衛《まも》る所なり、解くべからず、請うらくは退《しりぞ》かれんことを」と。

勝之（暴勝之、直指使者）、素聞不疑（雋不疑、勃海郡文学）賢、至勃海遣吏、請与相見。不疑、冠進賢冠、帯櫑具剣①、佩環玦、褒衣、博帯、盛服、至門上謁。門下、欲使解剣、不疑曰、「剣者、君子武備、所以衛身、不可解、請退」。（『漢書』雋疏于薛平彭伝）

①応劭曰：櫑具、木摽首之剣。櫑落壮大也。

晋灼曰：古長剣首、以玉作井鹿盧形、上刻木作山形、如蓮花初生未敷時。今大剣木首、其状似此。

師古曰：晋説是也。櫑、音磊。摽、音匹遥反。

筆者按：この櫑具剣の実例は、大英博物館にある。

この史料に出る雋不疑は、「勃海郡人也。治春秋、為郡文学、進退必以礼、名聞州郡」という儒者であり、後に名京兆尹として知られた、筋は通すが温厚な人格者である。

ここで、礼儀正しい賢人として知られた雋不疑が、軍事警察大権を与えられた直指使者である暴勝之の誤解をあえて恐れず、出世の機会を逃す危険を犯しても、なおかつ剣を手放さない理由として、ここに挙げているものには二つある。それはつまり、

①　君子の武備

②　護身用

の二点である。

雋不疑は儒者であるが、これを見ると、儒者にとって、剣とは、この二つの用途を満足させるものであったということがわかる。つまり剣は、実用的には、もちろん護身用の役に立つものではあるが、それでは、なぜわざわざ剣が護身用に使われるものとして言及されているのかというと、それは、弩でもなく、戟でもなく、他でもない剣こそが、君子にふさわしい武備であるということだからなのである。

したがって、護身の武備として剣を使う技芸《スキル》、すなわち撃剣も、やはり君子にふさわしい教養

であるということになるだろう。

マイナスの心意気

では次の史料を見よう。

（蓋）寛饒、初めて司馬を拝し、未だ殿門を出でざるに、其の襌衣を断ちて短くして地を離れ令《し》め、大冠を冠り、長剣を帯び、躬《みずか》ら士卒の廬室を案行す（視察して歩いた）。

（蓋）寛饒、初拝司馬未出殿門、断其襌衣令短離地、冠大冠、帯長剣、躬案行士卒廬室。（『漢書』蓋諸葛劉鄭孫毋将何伝）

いまここで、諫大夫で、行郎中戸将事の蓋寛饒は、虚偽の告発をした科《かど》で、衛司馬に左遷されるところである。蓋寛饒は、元来、郡の文学→考廉科の郎→諫大夫と出世した人であり、推挙された理由は方正ということで、つまりは儒者である。

雋不疑の例を引くまでもなく、ここでもわかるのは、もしも儒者が、自恃を保つために、なんらかの威儀を整えなければならないような場に立ちいたったときには、かれはまず、冠をかぶり、剣を帯びるのだということである。そして、たとえこの場合のように、どんなに失意の底にあったとしても、かれは君子なのであるから、意地でも剣を外してはならない。そしてそれは、ここでのごとく、むしろある種のマイナスの心意気をすら示すことにもなりうるのである。

つまり、この史料中の蓋寛饒の行動は、あきらかに儒者としての矜持より発する、事大主義に由来するものなのである。そして、元来が刻薄な性格で、もったいぶった形式主義者である蓋寛饒は、このような驕慠なパフォーマンスを敢行し、部下の士卒に善政を施すポーズをとって（だがその善政というは、結局のところは、かれが怒りを覚えるところの人間の「罪」――とかれは思いたがった――を暴《あば》き、告発し、弾劾する形での「正義」――それこそかれの信じる唯一の拠りどころであった――を行ないたいがための、単に表面的なものなのだ）、そうしてかれらの支持を勝ち得て、出世街道に復活するのである。

ともかく、誇り高き君子たることを求める人間にとって、剣は手放してはならないものなのである。しかし一方、剣はただの象徴的飾り物ではない。雋不疑が、「所以衛身」と述べているように、それはまた、実用の武備でもある。そうすると当然、それを扱う技術を身につけねばならない。したがって、君子であるならばまた当然、その技芸を習得していると考えてしかるべきであろう。それがおそらく、撃剣なのである。

おのおの其の志に従う

次もまた、誇り高き儒者の例である。

是の時、大将軍霍光、政を秉《と》る。長史の丙吉、儒生の王仲翁と（蕭）望之等数人を薦し、皆、召され見《まみ》ゆ。先に是れ、左将軍の上官桀、蓋主と与《とも》に光を殺さんと謀る。光、既に桀等を誅して後、出入に自ら備え、吏民の当《まさ》に見ゆべき者は、露《あら》わに索《さぐ》りて刀兵を去り、両吏、挟持す。望之、独り聴くを肯《がえ》んぜず、自ら閤を引出して曰く、「見ゆるを願わず」と。吏、牽持して匈匈たり。

是時、大将軍霍光秉政。長史丙吉、薦儒生王仲翁与(蕭)望之等数人、皆召見。先是左将軍上官桀与蓋主謀殺光。光既誅桀等後、出入自備、吏民当見者、露索①去刀兵、両吏挟持。望之、独不肯聴、自引出閤、曰、「不願見」。吏、牽持匈匈。(『漢書』蕭望之伝)

①師古曰:索、捜也。露形体而捜也。索、音山客反。

ここに登場する蕭望之は、按剣の段でもちょっと触れたが、「清廉」ということで推挙され、御史大夫の位に登り、その後は、太子時代の元帝の太傅を務めた名儒である。だから、かれにとっても雋不疑と同様に、「剣は君子の武備」であったはずである。つまり蕭望之が、仕官の道を閉ざされることもいとわず——実際にかれひとりだけ出世が遅れ、小苑東門候という、門の開け閉《た》てを掌る小役人に部署されてしまう——、暗殺を恐れる霍光の行なう身体検査に、これほどまでに抵抗したその理由はなにかといえば、それは、裸に剝《む》かれるということよりは、むしろ、武装を解除されてしまうということに対する嫌悪感のなせる業であろう。

もちろん、かれ以外の儒者はみな武装解除に応じているところを見ると、他の儒者たちは、そうした措置にも、柔軟に順応できたのであり、これを悪く言えば、軟弱で日和見だということになる。それに対して蕭望之の方は、特別に矜持の強い人間であって——一足早く出世した同期の王仲翁が、庭園の門番を務める蕭望之を「不肖録録、反抱関焉——おとなしくしていればいいのに、結局は門番か——」と嘲《あざけ》ったのに対し、蕭望之は「各従其志——よけいなお世話だ——」と嘯《うそぶ》いている——、もしもこれを悪くとるならば、もったいぶった人間であったともいえよう。じっさい、蕭望之は生涯直言居士で、そのため周囲から憎まれ、最後には陥れられて自殺に追い込まれるのである（この事件は、終章に詳しく触れる）。

だがともかく、剣に対してかくも執着するこうした例が、これら二人の儒者に共通して見られるのであるから、そこから考えると、剣というものが、君子にとって特別な意味を持っていたことは、少なくともたしかなのではないだろうか。しかもここで、蓋寛饒の例をも考えに入れると、こうした矜持の強い自己中心的な形式主義者にかぎって、剣の威力というものに頼る傾向があることが、いっそうはっきりと読み取れるのである。

このようにして、剣という武器／道具／装置は、按剣の動作や撃剣の素養とともに、前漢人が、あのかれらの属性《アツトリビユート》——みずからのプライド——を示すためにも、けっして手放してはならないアイテムとなる。そしてこのあたりも、私にとって、前漢と日本の江戸時代との近似性を、強く感じさせるところなのである。

終章　司馬遷はなぜ笞打ちをいやがったか

正しく、つねに正しく

これまで、自恃が強く、どんなことがあっても自分の言い分を通す、典型的前漢人たちを見てきた。そこで、かれらのキャラクターをあらためて振り返り、まとめてみると、こんなことになるだろう。

かれら前漢人は、無謬で完璧な人格の完成こそが人間の理想であり、人の生きる目的であると考え、人はすべてそういう生き方をすべきであるし、またそれが必ずできると思っていて、それ以外の人生を、ぜったいに認めない。なぜなら、それこそが、人がこの世に生まれてきた、たったひとつの意味であるはずだからだ。かれらはそれにとうから気づき、その使命を自覚し、それを実現すべく、修養と修練に日々これ努めている。

ところが、かれらが一朝世間を眺めると、そこは、そうした生き方をしない人間や、できない人間で満ちみちている。――できるはずなのに、なぜしない。それはおかしいではないか。不合理ではないか。そんなことは、人として許されない……。

そのためかれらは、そんな理不尽な世界に対して、身体中が震えるほどの瞋恚《しんに》や憤怒を抱き、その中にあって、自分だけが、自分こそが倫理的に圧倒的に正しいと思い、その究極の倫理性によってのみすべての決定権を付与され――天命――、その高みから人を告発し、裁き、断罪し、世を糾《ただ》し、正《ただ》すことに、この上ない喜び、充実感、自己実現感、達成感を抱くのである。そこでかれらは罰する。処刑する。水路が血で染まるまで殺戮する。すべては倫理のためにあり、かの孟子の「人に忍びざる心」ですら、すなわち愛ですら、つまるところは倫理性の表出の一バリエーション以外のものではあり得ないはずだ……。

――これこそが、かれらの言いたいところなのではないだろうか。

生きる上で、間違いなど許さない。人生に、失敗など許されない。そんなことどもは、本来、あり得ないのだ。そもそも、あり得《う》るはずがないのだ。正しく、正しく、つねに正しく。だから当然、正しいはずの自分が、倫理的に完璧な、少なくとも完璧を目指しているところのこの自分が、非難されてはならない、批判されてはならない。どのような場合であれ、いかなる理由であれ、責められることには、とうてい堪えられない。

そこでかれらは、死を選ぶ。自分のみが正しく、全世界は否定さるべきだ。しかしもし全世界が否定されえないものなのであれば、そのときは自分が全世界を否定すればいい。そのためにはつまり、自分がこの世から消え去ってしまえば、問題はきれいさっぱり、すっきりと解決されるではないか。

禍福はあざなえる縄の如し

ところが前漢人にとってまた好都合なことに、当時の死生観は、かならずしも死に対する恐怖感をあおるものではない。

だいたい、もし死が単なる個体の消滅であると考えているならば、どうして先祖の祭祀などを熱心に執り行なうだろうか。つまりそれは、子孫にもまた「先祖となった自分」の祭祀を続けてもらえると期待しているからであり、そのことはむしろ、前漢人が、死後の世界を自明のものとして認めているという事実を意味している。読者には、ここでどうか思い出していただきたい。福禄寿を熱心に追い求める筋金入りの現世主義者であるはずの中国人が、この二十一世紀になお、張りぼてのジャンボジェットやロールスロイスを、あの世の先祖に手向ける紙銭として燃やすのである。

そもそも、この世とあの世とに、なんの矛盾することがあろう。それは要するに、世界の相《フェーズ》（あらわれかた）の、単なる違いでしかないのだ。

文帝時代、二十代の若さで博士となり、太中大夫に出世して漢朝のさまざまな制度を定め、三十三歳で夭折した天才学者、賈誼《かぎ》は、そのあたりのことを、老子や荘子を下敷きにしながら、こんな詩賦で言いあらわしている。

・万物変化、固亡休息、斡流而遷、或推而還、形気転続、変化而嬗、沕穆亡間、胡可勝言、**禍兮福所倚、福兮禍所伏**、憂喜聚門、吉凶同域、……

・夫**禍之与福、何異糾纆**、命不可説、孰知其極、……

・天不可与慮、道不可与謀、遅速有命、烏識其時、且夫天地為鑪、造化為工、陰陽為炭、万物為銅、合散消息、安有常則、千変万化、未始有極、忽然為人、何足控揣、化為異物、又何足患、……

・真人恬漠、独与道息、釈智遺形、超然自喪、……

・縦軀委命、不私与己、其生兮若浮、其死兮若休、……

（『漢書』賈誼伝）

まるで後代の漢訳仏教経典の原型を見るかのような、この賈誼の賦を読めば、前漢人のものの考え方が、よくわかる。つまり、ここの二行目と三行目の太字の部分で歌われている「禍福はあざなえる縄の如し」というのは、この世の人生の浮沈のみに限らず、また死生についても当てはまるたとえなのである。

孔子の世界観

さらにさかのぼれば、孔子もまた、このような世界観から無縁の人ではなかったのではないかと、最近の私は、とみに考えるようになってきている。

私が思うに、孔子はよく言われるような現実主義者でも、またプラグマチストでもない。たとえば、かつてかれが弟子の子路に死を問われたときに答えたということば、「いまだ生を知らず、いずくんぞ死を知らん」というのは、死に対する思考停止・判断停止であったり、「死ぬことより、まず処世術の達人になりなさい」というような意味では、けっしてないだろう。それどころかそれは、「生きること、生命の実態、本質、真実がわかれば、それはすなわち、宇宙生命や、宇宙や人間の持つ使命、生きることの真の意味がわかることで、つまり宇宙生命に一体化して生死を超越してしまうわけだから、もはや生きようが死のうがどうでもよい、それは同じことの表裏になるのであるから、あらためて死のことなど考える必要すらなくなるから、まず宇宙生命を直感すべく精進せよ、それが生きることだ」という意味合いなのである。

さらに別の有名なことば、「朝《あした》に道を聞けば、夕《ゆうべ》に死すとも可なり」というのも、それと同様の意味を持つものだろう。なぜならば、もしもいったん宇宙と命の本質を悟ってしまえば、もはやその瞬間に、この世の生死は超越できる、いや超越してしまっているからだ。だから、そうなれば、たったいま死のうが、それとも生きようが、そんなことはいまさらどうでもよいことになる。

それはどのみち、同じことなのだから。

「子は怪力乱神を語らず」というのも、そこからすれば、また同じ考え方より出たことばであるといえる。つまり、もし宇宙の本質さえわかれば、いちいちそのバリエーション――怪・力・乱・神――について、ことさらにこだわり、語る必要もないだろうということなのだ。だから孔子は、怪力乱神のことを、科学的検証に耐えぬ迷信のたぐいとして否定し去ったり、あるいは政治的・現実的手段／方便として冷笑的に尊崇したわけではない。むしろそれらを、宇宙の本質の現象的「諸相《フェーズ》」と見なしたからこそ、「鬼神は敬してこれを遠ざけ」たのである。

そう考えれば、孔子の言っていることは、インドにおける同時代者である釈尊の示した、解脱や涅槃の境地と、ほとんど変わりがないことになる。つまり孔子は、たしかに処世の要諦《ようてい》も説いたではあろうが、それと同時に、いやそれ以上に、宇宙と人間とは現象面で相違するだけで本質においては一体であることを信じ、それを証明することを希求した、典型的な古代自然主義者・古代自然科学者の一人、そして真の意味での合理主義者であることが、ここからわかるのである。*


*さらに言えば、禅――そしてその精神を基《もとい》とする茶道――の精神を代表するとされる語句「一期一会《いちごいちえ》」もまた、現代風の「一度しかない人生だから、今しかない出会い」などという感傷的、刹那的、ないし虚無的なものではない。「期」とは「サイクル（周期）」のことであり、むしろそれは、野球

の「回《イニング》」――あるいはボクシングのラウンド――に近い。つまり、「一学期」「二学期」などというように、それはフェーズこそ変われ「繰り返す」ものなのであり、だからこそ、次回を「期待する」などという使い方も出てくるのである。したがって、「一期」とは「人生一度きり」なのではなく、「この人生」ということであり、「一期一会」とは、「今生《こんじょう》においてはここで出会えました、この因と縁を考えましょう……」という具合に、過去、現在、未来に広がっていく契機となるものなのである（それにこう解釈しても、今次の出会いを軽んずる人はいないだろう。次の打席が回ってくるからといって適当にバットを振る打者《イチロー》が、どこにいるか）。一瞬一瞬を裁断し分析することにのみ血道を上げ、ホーリスティックに統合することを意識的かつ頑なに拒否してきた科学主義――いいかいかいかいい、われわれの知るところの合理主義――が、人類観と人間学とに、どんなにかフィルターとバイアスをかけてきたことか。

笞打ちの精神構造

しかもそれだけではない。かれら前漢人は、我が強い分、容易に屈服することも、またない。自分の主張を貫くためには、徹底的に論争し、闘争し、あきらめない。ということは、それ相応に、人を恨む心と復讐心も、また強いのである。

では、自恃と復讐心の強い人間同士がぶつかり合った場合、どうなるか。勝った方は、相手の恨みの心を消滅させるために、相手のこの世における存在そのものを消滅させるだろう。つまり相手を処刑する。しかも、その復讐心が代々伝えられるのを阻止するために、族滅すら行なうことをためらわないに違いない。

だがもっと双方の我の強い場合は、どうだろう。悪罵を投げつけあい、政敵を倒すためにありとあらゆる手段をとって、ついに相手を打ち負かす。けれどもそれは、単に立場上の勝利にしか過ぎず、相手はまだ、なんの屈服もしていない。自分の主張を曲げてもおらず、待ちうける死すら、それを強いる力を持ってはいない。いやそれどころか、死とは、この世のこと、でしかない敗者の、自恃と誇りとを完遂させ、世上に宣伝するための、恰好の機会でしかないとしたら……。

勝者は、かれの倫理的正当性と絶対的正義を相手に徹底的に思い知らせ、後悔の思いに泣き叫ばせるためには、いったいどうすればいいのだろう。自己主張を貫き、小権力を振るった、その快感の代償を支払わせるためには、いったいどうすればいいのだろう。

そこでかれらは、笞《むち》打つのである。自白を強要する拷問として、そして刑として。

宣帝即位時の奏曹掾（廷尉の属官）で、廷尉史見習いを任された路温舒は、上書の中で、こう述べている。

「囚人は、痛みに勝《た》えざれば、則ち辞《ことば》を飾りて以てこれを視《しめ》す——ありもしないことを白状する——」

一方、実際に人を笞打つ獄吏はどうかといえば、かれらは、自らの身の安全のためにも、いっそう手ひどく罪人を扱う。

路温舒は、これについてもまた述べる。

「(刑罰の加え方が)深き者は公名を獲《と》り――公務に熱心だと評価され――、平《たいらか》なる者は後の患い多し――おだやかなやり方を取る者はサボっていると見なされ、自分の身が危うい――。故《ゆえ》に治獄の吏のみな人の死を欲するは、人を憎むに非《あら》ざるなり、自ら安んずるの道、人の死にあり」

これは、『漢書』刑法志が孔子のことばを引用しながら書いている、次の論評と対応するものだろう。

「(孔子が述べるには)今の獄吏は、上下相い駆けて、刻を以て明と為し、深き者は功名を獲り、平なる者は後の患い多し。諺に〈棺を鬻《ひさ》ぐ者は、歳《としごと》の疫《えやみ》を欲す〉と曰《い》うは、人を憎みてこれを殺さんと欲するに非ず、利が人の死に在るなり、と。今の治獄の吏の、人を害し陥れんと欲するも、また猶《な》おこのごときかな」(ここで元《もと》の文が「公名」だったか「功名」だったかという問題が生ずるが、いまは触れない)

上が人を憎み恨み、下はこうして業績向上に熱心なのだから、その結果は推して知るべきである。

司馬遷報壬安書

益州（今の四川省）刺史である任安《じんあん》が、宮刑を受けたとはいえなお中書令の位にある旧友司馬遷に対して、なぜ人材を朝廷に推薦しないのかと非難した手紙に（任安もよく言えばまっすぐな、悪く言えば依怙地な人物で、武帝が衛青将軍より霍去病将軍を重用しはじめたときに、たいていの人間が霍去病に媚を売ったのに、任安だけはそうしなかった。なお任安は首都長安の北部方面軍司令官として、武帝末期の怪臣江充と戻《れい》太子との抗争に巻き込まれ、騒乱終息後、惑乱した武帝の勘気を蒙って腰斬された）、司馬遷が弁明した「報任安書」の中で、司馬遷はこうした前漢人の心情をみごとに分析し、説き明かしている。ここは司馬遷の文章――そしてその中にこめられた苦衷のニュアンス――を、そのまま引いておこう。

伝曰、「刑不上大夫」。此言、士節不可不厲。**猛虎処深山、百獣震恐、及其在穽、檻之中、揺尾而求食。積威約之漸也。**故士有画地為牢、勢不入、削木為吏、議不対、定計於鮮也。**今交手足、受木索、暴肌膚、受榜箠、幽於圜牆之中、当此之時、見獄吏、則頭槍地、視徒隷、則心惕息。何者？　積威約之埶也。**及已至此、不辱者所謂彊顔耳、曷足貴乎!?（『漢書』司馬遷伝、報任安書）

――昔から、「刑（身体に加える罰）は大夫以上の地位の人間には及ぼさない」と言われていますよね。これは、かりにも士大夫ともあろうものが、（恐怖のために）その気節を鈍らされるようなことがあってはならないと励ますためなのです。深山で百獣を恐れさせる猛虎であっても、落とし穴にかかり、檻に入れられていると、尻尾を振って餌をねだるようになります。これは毎日圧《お》しひしがれているからなのですよ。それがわかっているから、士大夫は、地面に四角を描いて牢屋だと言えば、あれこれ工夫をつけて、中に入ろうとはしないのです。木を削って獄吏の人形だと言えば、あれこれ理屈をつけて、顔を合わせようとはしないのです。こうして、かれらは、いずれのときにも正しい行動をとろうとするわけです。ではもし、手足を枷にはめられ、縄で縛られ、裸にされて笞で打たれ、牢屋に閉じ込められていたら、どうでしょう。もうこうなったら、獄吏を見ただけで頭を地に擦りつけ、下役を見ただけで心臓が飛び出しそうになって、ぜいぜいとあえぐのです。なぜですって？　毎日圧しひしがれているからなのですよ。これでなお平気だよ、などというやからは、はったりだけの愚か者《マッチョ》、なのではありませんか⁉――

つまり、太字の部分にあるように、百獣の王でも檻に入れられ、脅されているうちに、尻尾を振って餌をねだるまでになってしまうのと同様、誇り高き士大夫といえども牢屋に閉じ込められ、自由を奪われ笞打たれていると、その恐怖のストレスが溜まって、ついには物数《ものかず》ならぬ使い走りの奴《やっこ》にさえも、あえぎながらひれ伏すようになってしまうのだというのである。

人の我《プライド》を折るために、これほど効果的な方法があるだろうか。だからこそ士大夫は、そんな屈辱にあう前に、はやく自決をしなければならないのだ。

ところが人間は、前漢代にあってすら、やはりなかなか死ねるものではないようだ。しかしこれは無理もないこととも言える。なぜなら、なるほど生に執着する人もいるだろうが、中にはたまに、たとえ牢獄に入れられても、捲土重来を期すことができる、と勘違いをする者だってあるかもしれないからだ。

そこで司馬遷は、そうした死に切れなかった古今の人物を列挙した後で、こう評している。

此人、皆身至王侯将相、声聞鄰国、及罪至罔加、不能引決自財。在塵埃之中、古今一体。安在其不辱也？　由此言之、「勇怯埶也、彊弱形也」審矣、曷足怪乎？　且人不能蚤自財縄墨之外、已稍陵夷、至於鞭箠之間、廼欲引節、斯不亦遠乎？　古人所以重施刑於大夫者、殆為此也。（『漢書』司馬遷伝、報任安書）

――これらの人たちは、みな王侯将相まで出世して、隣国まで評判が聞こえたというのに、あやまちを犯して法に触れたさいに、自決することもできませんでしたね。俗物というのは、いつでも変わりのないものです。まったく、恥さらしというものですよ！　だから孫子は言うのです、「勇気と怯懦はいきごみ方がちがうだけ、強いと弱いはあらわれ方がちがうだけ」とね。（どんな態度に出ようが、最後に肝心なのは人のできというわけで、）まったくそのとおりで、なんの不思議もありません。しかし人というのは、超法規的にさっさと自決することなど、なかなかできないものですよ。でも、たいがい鼻柱をへし折られて、笞で叩かれてから、やおら根性を出そうとしたって、いまさら遅いのです。昔の人が大夫に刑を加えなかったというのは、間違いなくこれが理由なのですね――

自ら宮刑の苦しみと屈辱とを舐めた司馬遷にしか発することのできない、実感のこもったことばだろう。

前漢代の笞刑

ここで、前漢代の笞刑について、少し触れておこう。『漢書』刑法志によれば、だいたい漢の統治が確立された文帝時代は、政治も社会も安定して刑罰は少なかったようだが、それでも法にはなお残酷な肉刑（入墨や足切り、鼻削ぎなど）が残っており、そこで文帝は詔を下して懲役刑や笞刑《ちけい》に改めた。とはいうものの、笞打つ回数が五百とか三百という多さで、実質は死刑と変わりがなかった。そのため次の景帝時代、笞打ち五百回は三百からさらに二百に、三百回は二百から百に、それぞれ大幅に軽減され、さらに「笞は（苛《いじ》めや拷問や殺人の道具ではなく）人々に正しい生き方を教えるために使うものである」ということから、「箠令《すい》」によって、箠（笞）の形状と、その打ち方を規定することとなった。それによれば、「笞は、箠長五尺、其の本《もと》は大《ふとさ》一寸、其れ竹なり（原文「其竹也」。私が思うに、「竹也」の二字は衍字か、それとももともと「笞」一字だったものを誤写したのではないだろうか）。末は薄《せまさ》半寸、皆其の節を平《たいら》にす。まさに笞つ者は臀《しり》を笞ち、人を更《か》えるを得ること毋《な》く、一罪畢《お》われば乃《すなわ》ち人を更うべし」とあって、これ以後、笞打ちのショックで死ぬことはなくなったという。

とはいえ、笞打ちが人のプライドを手ひどく挫《くじ》く方法であることには変わりはない。そのため賈誼もまた、そういうことをしてはならないと説く。天子たるもの、暴力ではなく、礼と人格でもって士大夫を恐れ入らせなければならない、と。

廉恥節礼、以て君子を治む。故に死を賜う有りて、而《しか》も戮辱亡《な》し。ここを以て黥劓《げいぎ》（いれずみとはなそぎ）の辜《つみ》は大夫に及ぼさざるは、其の主上を離れること遠からざるを以てなり。……君の寵臣、或いは過ち有りといえども、刑戮の辜、其の身に加えざるは、君を尊ぶのゆえなり。此れ主上の為、予《あらかじ》め不敬を遠ざける所以《ゆえん》なり、大臣を礼貌して其の節を厲《はげ》ます所以なり。……其れ大辜《だいこ》有る者は、命を聞かば則ち北面・再拝し、跪いて自裁す。上は捽抑《そつよく》（髪をつかんであお向かせる）して之を刑せしめず、「子大夫《きみ》、自《おの》ずから過《とが》有るのみ。吾れ子を遇するに礼有り」と曰《い》う。之を遇するに礼有れば、故に群臣は自ら喜び、嬰《く》うるに廉恥を以てすれば、故に人は節行を矜《ほこ》る。上が廉恥・礼儀を設けて以て其の臣を遇し、而《しか》して臣が節行を以て其の上に報ぜざるは、則ち人の類《たぐい》に非《あら》ざるなり。（『漢書』賈誼伝、上疏文）

だが文帝や景帝の聖代ならともかく、武帝以後、財政は破綻し、昭帝・宣帝の中興時代を過ぎて皇帝の質も低下し、酷吏や佞幸《ねいこう》（宦官や若道《にゃくどう》として皇帝に取り入った者たち）、それに外戚が幅をきかすようになった時代では、こうもいかない。政争は頻発し、直言居士は疎まれ、憎まれ、陥れられてばかを見る。『漢書』賈誼伝によれば、武帝時代の酷吏である甯成《ねいせい》のころから、高級官吏も獄に下されるようになってきたという。

丞相王嘉の疑獄

前漢末期、哀帝時代(紀元前七年〜前一年)の丞相をつとめた王嘉《おうか》は、「明経」「射策《せきさく》甲科」「廉」「敦朴能直言」など、前漢官吏採用のさいのさまざまな適性——この時代なら徳性か——評価ポイントに合格することで順調に出世し、太中大夫、太守、大鴻臚、京兆尹、御史大夫など赫赫たる経歴を重ね、「治、甚だ声有り」といわれ、「人と為り、剛直厳毅、威重有り、上、甚だ之を敬」したほどの、いわば名循吏である。

だが哀帝は、佞臣である董賢《とうけん》の色香に迷って寵愛し、かれをさまざまに引き立てようとする。剛毅な直言で知られる王嘉が、もちろんそれに唯々諾々と従うわけがない。王嘉はしばしば上奏して哀帝を諫め、そのことから哀帝は、しだいに王嘉を疎《うと》んじはじめたのだった。

ここから先、王嘉を死に至らしめる、ある疑獄が起こる。その背景や人間関係は複雑で、また『漢書』は、こうした事件の記述に関しては、時系列が錯綜する、非常に込み入った形を取るので——策《さく》や簡牘《かんとく》といった木の札《ふだ》に書かれ編綴《へんてい》された膨大な一次資料をコンパイルしダイジェストするのだから仕方がない――、おそろしく乱暴だが、『漢書』王嘉伝をもとに、哀帝紀を参考にしつつ、あえて箇条書きで整理してみよう。

一、皇族の一人で東平王の劉雲とその一党が、哀帝を呪詛して皇位を狙っている廉《かど》で告発される。
二、廷尉の梁相、それに丞相の長史などが、現地でこの疑獄を取り調べる。廷尉梁相はこれを冤罪の疑いありと見て、冬の裁判期間がまだ二十日間残っているので、長安に移送して慎重に取り調べたいと上申する。哀帝はこれに怒り、勅命を出して、取り調べ関係者らを免職して庶民にする。（このとき、丞相王嘉が反対しなかったことが、後でかれを陥れる致命的罪状となる）
三、東平王は自殺し、一味は誅殺されて事件は落着するが、哀帝は佞臣董賢を取り立てるため、この一件に関わってもいない董賢が、疑獄解決に手柄を立てたことを証する書類を偽造する。王嘉はこれを諫め、哀帝は数ヶ月間辛抱するが、結局は董賢を高安侯に封じる。
四、さらに数ヶ月後、日蝕があった機会を捉え、王嘉がまた董賢寵愛の件に関して哀帝を諫め、哀帝は不満を募らせる。
五、日蝕による大赦と人材推薦命令が下されたさい、王嘉は、さきに免職されていた廷尉梁相はじめ三名を再採用するよう、哀帝に上奏する。哀帝はこれに怒る。
六、二十数日後、哀帝の祖母である傅《ふ》皇太太后が崩御し、この機会を捉えた哀帝は、皇太太后の遺詔を捏造して、またもや董賢の俸禄を増そうとする。王嘉は丞相としての権限で、董賢の一件書類を差し戻す。これで、ついに哀帝の堪忍袋の緒が切れる。

ヒステリーのようになった哀帝は、丞相王嘉を呼びつけ、面と向かって叫びたてる。その肉声は、こんな具合だ。

以相等前坐在位不尽忠誠、外附諸侯、操持両心、背人臣之義！　今所称相等材美、足以相計除罪！　君以道徳位在三公、以揔方略、一統万類、分明善悪為職！　知相等罪悪陳列、著聞天下、時輒以自劾、今又称誉相等、云「為朝廷惜之」！　大臣挙錯、恣心自在（任？）、迷国罔上！　近由君始、将謂遠者何!?

——あの梁相たちときたら、無責任な裏切り者で、わたしと劉雲とに二股をかけて背きおった犯罪人ですぞ！　それなのに、才能があるからその罪が相殺《そうさい》されるとおっしゃる！　あなたはだいたい、徳があるということで三公になったのだから、すべてを上手に統治し、善悪のけじめをつけなければならないはずでしょう！　梁相たちの悪逆は天下に知れわたっているというのに、あのときはあなた自身でもかれらを弾劾しておいて、こんどは手のひらを返したように褒めたて、あげくのはてには言うにこと欠いて、「朝廷のためにこれを惜しむのです」だって!?　あなたの挙措《ふるまい》はかってきままで、この国と、わたしをだますものです（迷国罔上)! あなたがそんななら、他の者は、いったいどんなありさまだろうね!?——とんでもない言いがかりである。とくに王嘉がほんとうに廷尉梁相らを弾劾したかどうかは判然とせず——自分の部下も梁相とともに罪を得ているのだからなおさらだ——、たとえ弾劾したとしても、皇帝がたいへんな勢いで詔勅を渙発したのだから、そのとき王嘉に、いったいなにができようか。

だが、皇帝みずから丞相を訴えたのであるから、もはや致し方ない。王嘉は、二枚舌を使って国と皇帝とを欺いた大逆罪、「迷国罔上不道」という罪科で告発された。

「迷国罔上不道」裁判

しかしここで、前漢王朝の名誉のためにも弁明しておくが、こんな王朝末期であっても、裁判の手続きそのものは公正《フェア》である。忌憚のない論議が交わされ、意見を述べた者の責任が問われることはない。なぜなら、最後は皇帝が全権をもって裁可するからなのである。

さてこのときは、こんな順序で進行した。

一、内朝(最側近たち)で、まずほんとうに「迷国罔上不道」の罪に当たるか否かを議論。反対意見も出る。哀帝に裁決を仰ぐ。その結果、この罪で査問をすることに決定。

二、内朝は、廷尉の詔獄（最高検察庁）で査問をする裁決を哀帝に仰ぐ。哀帝は、決裁の前に、まず外朝も含めた朝廷全体で拡大会議を開き、論議することを命ずる。議論の中で出た意見①：「迷国罔上不道」の嫌疑で、廷尉の詔獄で査問すべし。意見②：方針をくるくる変えるということは「不任宰相之職」であるから、免職および爵位剝奪して庶民とすべし。意見③：「聖王の断獄」というものは、慎重で情理を尽してだれにも納得がいき、「死者は恨みを抱かずして地に入り、生者は怨みを銜《ふく》まずして罪を受ける」ものである。「大臣の髪を括りて械《かせ》に関《つな》げ、躶《み》を裸《あらわ》して笞に就くるは、以て国を重んじ宗廟を褒めるところにあらざる」ものだから、王嘉が言を左右したことはたしかに犯罪ではあるが、皇帝陛下としては「宜しく天下に示すに寛和を以て」すべし。

三、哀帝の裁決を仰ぐ。裁決：丞相王嘉を廷尉の詔獄に下して査問する。

病弱で暗愚な皇帝に仕えた身の不運である。法的手続きは結局のところ体裁で、要するに哀帝の腹は、最初から王嘉を断罪することに決まっていたのだ。しかも哀帝は、笞打ちによる拷問と侮辱とが待ち受けている廷尉の詔獄に、おめおめ王嘉ともあろうものが行くはずがなく、その前に自殺するものと高をくくっていた。

全員が、そう思っていた。

「以て万衆に示すべし」

使者、既に府に到る。府の掾史《えんし》、涕泣して共に薬を和《あ》え、嘉に進む。嘉、服するを肯《がえ》んぜず。

詔獄の使者が、丞相府にやってきた。まるで後世の仏画の、閻魔の使いと同様の、その姿と顔。いよいよ最期の別れだ。誇り高い丞相様が、冤罪に近い勘気を蒙ったことは、だれもがわかっている。しかし士大夫の運命は甘受しなければならない。恥辱を受ける前に、死を選ぶのだ。建物が部下たちの泣き声に包まれる中、準備された毒薬が、王嘉の前にさし出された。

ところが、王嘉は杯を受けようとせずに、憮然として座敷に坐っているままだ。

主簿曰く、「将相は対理陳冤せざるを、相踵して以て故事と為す。君侯、宜しく引決すべし」と。使者、府門の上に危坐す。

部下の書記が必死の顔つきで言う。「将軍や大臣は、たとえ冤罪であっても監獄で弁明などなさらぬならわしでございます。どうかご決断を！」

使者もまた、門屋の上がり框《かまち》にどっかと坐って、来るべき事態を見守っている。——どのみち死ぬのだ。この期《ご》に及んで、見苦しい恥はかくな。

主簿、復《ま》た前《すす》みて薬を進む。嘉、薬杯を引きて以て地を撃ち、官属に謂《い》いて曰く、「丞相、幸いにして、位、三公に備うるを得《う》。職を奉じて国に負《そむ》かば、当《まさ》に都市《いちば》にて刑に伏し、以て万衆に示すべし。丞相、豈《あ》に児女子なる邪《か》、何謂《なんす》れぞ薬を咀《か》みて死せんや？」

ところが王嘉は、目の前の杯をひったくると、土間に投げつけた。毒があたりに飛び散った。王嘉の怒りに震える声が、低く響く。「わしはだてにここまで出世したのではない。国を導く者として、公明正大な責任の取り方はよくわかっておるつもりだ。自分の出処進退ばかりを気にして毒を飲むなどという情けないふるまいなぞ、だれがするものか」

嘉、遂に装《よそお》いて出で、使者に見《まみ》え、再拝して詔を受け、吏の小車に乗り、蓋を去り、冠せず、使者に随いて廷尉に詣る。廷尉、嘉の丞相・新甫侯の印綬を収め、嘉を縛りて都船の詔獄に載致す。

王嘉は朝服に着替えて威儀を示し、使者に挨拶をすると、堂々とした態度で車に乗った。すでに犯罪者扱いであるので車の天蓋はなく、冠も脱がされ、髻《もとどり》から乱れた毛が、風になびいて凄惨である。

自殺すると思っていた当てが外れていささか意表をつかれた使者が、ようしそれならと、一段と恐ろしげな顔つきに変わると号令をかけ、御者が馬に鞭をくれた。

バブル崩壊後の十年、幾度われわれも、同じ光景を目にしたことだろう。自殺を防止するためにスーツのネクタイを取られ、開襟のまま検察の車の後部座席に座って護送される実力者たちの姿……。

やがて廷尉の役所で、地位を示す印綬を没収された王嘉は、これで真の罪人となって、後ろ手に縛られたまま、車で都船（首都の治安をあずかる執金吾《しつきんご》の属官で、水上警察にあたる）の詔獄に移送されていったのだった。

「死して責めを余すあり」

王嘉が自殺したものとばかり思っていた哀帝は、この知らせを聞いて、怒り心頭に発した。

――せっかく恩沢を下してやったのに、王嘉のこのやり口はなんだ。市場で正々堂々と処刑されるだと？　とんでもない。そういう形で自分の言い分をあくまで通して、皇帝の政治姿勢を諷諫するつもりだな。よし、それならこちらにも考えがある。あてつけの機会など、与えてやるものか。

上、嘉の生きて自ら吏に詣るを聞きて大いに怒り、将軍以下、五二千石とともに雑《まじ》え治《おさ》めしむ。吏、嘉を詰問す。嘉、対《こた》えて曰く、「事を案ずる者は、実を得んと思う。窃《ひそか》に見るに、相等が前《さき》に東平王の獄を治めしは、雲を以て死に当たらずと為せしにあらず、公卿に関《もう》して重ねて慎みを示さんと欲せしなり。駅馬を置きて囚を伝えるも、執《いきお》い冬月を踰《こ》すを得ず。誠に其の外内に、雲の為に阿附せんと顧望する験《しるし》を見ず。復た幸いにして大赦を蒙るを得る。相等は皆、善吏なり。臣、窃に国の為に賢を惜しむ。此れ三人を私《わたくし》せず」

堂々の弁論である。査問を司るのは取調室に居並ぶ二千石の高官たちだが、実際に訊問するのは、手に笞を持ち、あざけるような笑いを口に浮かべた獄吏である。しかし王嘉は、獄吏の詰問に、一歩も引かずに応酬する。

「おまえの目の前に、納得のいく事実があるではないか。いいか、わしはこう思ったのだ。廷尉梁相たちが東平王劉雲の事件を取り調べたとき、かれらにはけっして、はじめから雲を助けようなどというつもりはなかったのだ。それが証拠に、かれらは慎重にも中央の判断を仰ごうとしたではないか。それに、たとえ駅馬で送検する時間を勘定に入れても、日数的に見ると、どのみち冬の裁判期間を繰り越すことは不可能だったのだ。つまり内部条件から見ても、外部条件から見ても、かれらが雲の側に立とうとした形跡は、どこにもないのだ。しかも大赦を経て、かれらの罪はもはや、合法的に消滅したということになる。かれらは善吏であり、国家有用の財産だ。これについては、私情などはさむものではない」

だが獄吏ははじめから、王嘉の弁明など聞く耳を持っていないのだ。かれの仕事は、囚人を屈服させることであり、犠牲者が一刻でも早く悲鳴を上げれば、それでよいのである。一言も発せず見守る査問委員たちも、弁論の内容の正当性などは、もはやどうでもよい。それより、早く弱音を吐くか、それとも死んでくれ。どうして王嘉は、そのことに気づかないのだ、認めようとしないのだ。

獄吏曰く、「苟《いやしく》も此の如くなれば、則ち君は、何を以て罪に猶《な》お当たると為《す》るや？　以て国に負《そむ》く有り、空しく入獄するにあらざる矣《なり》！」と。

はたして獄吏は、あざけるように叫ぶ。「もしそうなら、あんたは、どうしていまだに、あいつらが罪を犯したなどと言ったことになってるのかね⁉　やっぱりあんたは逆賊だよ、つかまるのも当然というものさ！」

やはり無理だったか。天道を信じた努力は報われず、だれも味方になってはくれなかった。王嘉は宙を見上げた。

吏、稍《ようや》く嘉を侵辱す。嘉、喟《き》然《ぜん》として天を卬《あお》いで歎じて曰く、「幸いにして宰相に充備するを得るも、賢を進め、不肖を退ける能《あた》わず。是《これ》を以て国に負《そむ》き、死して責めを余す有り！」と。吏、賢と不肖の主《おも》な名を問う。嘉曰く、「賢は故の丞相孔光、故の大司空何武、進むる能わず。悪は高安侯董賢父子、佞邪にして朝を乱すも、退ける能わず。罪は死に当たり、死して恨む所無し」と。嘉、獄に繋がること二十余日、食せず、血を欧《は》いて死せり。

最後まで董賢を罵りながら、王嘉は死んだ。佞臣を皇帝のまわりから排除できなかったことこそが、万死に値する自分の罪なのだからと、みずからを観念的に納得させて死んだのである。またこうでも考えなければ、あまりに無念で、とうてい自恃を保つことなどできはしなかっただろう。しかしどうやら獄吏も、査問委員たちも、ということは哀帝も、こうして死ぬ覚悟を決めた獄中の王嘉をこれ以上痛めつけようとする気はなかったらしく、かれは絶食して命を終わっていったのだった。

とまれ、王嘉にとって救いといえるのは、次の平帝時代、息子があらためて新甫侯に封ぜられ、自分も忠侯という諡《おくりな》を追贈されたこと、そしてなにより、正史『漢書』に、かれの愚直な善意の事跡が、こうして残されたことだろう。

古の社稷の臣に近き

そして最後に登場するのが、第8章にも姿を見せた、親子二代にわたる偏屈者の、その父親の方の蕭望之《しょうぼうし》である。

蕭望之は昭帝治世の霍光執柄時代に最初に仕官するが、そのときの騒動は、前章で見たとおりである。宣帝時代にその能力を認められて重用されるようになり、二千石の高官を歴任して名声を高めたが、御史大夫をつとめたときに、目上である丞相の丙吉《へいきつ》を軽んずる態度を取ったことから丞相の部下に告発され、他に属官を私用に使って商取引を行ない、私腹を肥やしていた事実も発覚して、本来なら逮捕されるところを宣帝の温情によって左遷され、太子太傅に任命されて、以後は皇太子の教育に専念する。

しかし考えてみれば、自分の能力に過剰なほどの自信を持っていた蕭望之が、ついに御史大夫まで上り詰め、最高位である丞相の位まであと一歩に迫ったときに、高齢でもはや政務を執ることもおぼつかない丙吉のことを、この役立たずの爺さんめと歯がゆく思ったことは、万々間違いない。ただそれを周囲にもはっきりわかる態度で表わしてしまったのは、宣帝がいみじくも見抜いたとおり、「傲慢不遜」で、「不深思」な性格の然らしむるところだったろう。*

そして宣帝は死の床で蕭望之を呼び返し、前将軍光禄勲（国防長官と親衛隊司令官に、議論や諫言を司る大臣を併せたようなもの）に任命して、次の時代を託したのだった。

*宣帝は武帝の曾孫にあたり、武帝晩年に反逆者として自殺に追い込まれた戾太子《れい》の子であったところから数奇な星のもとに育ち、霍光によって皇帝に擁立されるまでの間、十代の多感な時代をほとんど市井で過ごしたという、まるで時代劇の旗本か若様もかくやというばかりの運命のかたで、いきおい庶民の苦労と人情の機微に、きわめて通じていたという。だから蕭望之の性格など、宣帝には手に取るようにわかっていたことだろう。また丞相丙吉は、かつて廷尉だったときに、反逆者の子として投獄された赤ん坊時代の宣帝を養育し、ときには身を挺して救った、いわば命の恩人であり、そのため宣帝は、年老いた丙吉のことをひときわ大切にしたのであって、そうした配慮が、あるいは蕭望之には足りなかったのかもしれない。

まずここでは、『漢書』蕭望之伝の賛からみてみよう。『漢書』が、列伝中の人物をこれほど褒めちぎることは、なかなかない。

賛に曰く、蕭望之は将相を歴位し、師傅の恩を籍《こうむ》り、親昵《しんじつ》して間《へだて》なきと謂うべし。謀《たくらみ》の泄《ひろ》がり、隙《すき》の開くに至るに及び、讒邪これを搆《かま》い、卒《つい》に便嬖《べんぺい》・宦豎《かんじゅ》の図るところとなるは、哀しいかな。望之は堂堂として、折るとも橈《たわ》まず。身は儒宗と為《し》て、輔佐の能有り、古《いにしえ》の社稷の臣に近きなり。

――蕭望之は高位を歴任し、皇太子（後の元帝）の師傅として信頼感で結ばれていた。朝廷内に謀略が（水漏れのように）広がり、元帝との親しさがしだいに失われていくにつれ、悪人が讒言でかれを陥れ、イエスマンや佞臣どもの罠にはまってしまったのは、じつに残念である。蕭望之は気骨があり、節を曲げるような人ではなかった。学者としても大臣としても一流で、上代の社稷の臣を思わせる人だったのである――

まるで御史大夫のときの不祥事を忘れたかのような口振りだが、それはともかくとして、ここに出てくる「讒邪」というのは鄭朋という男、「便嬖・宦豎」というのは、中書令であった宦官、弘恭《こうきょう》と石顕《せきけん》の二人を指していることは、まず間違いない。そしてこの三人が結託して、皇帝の師傅ということで重んじられており、正論を吐くのでなにかと煙たい蕭望之のことを、じつに卑怯で卑劣なやり方で痛めつけ、排除して、成帝即位後たった一年で、ついには自殺に追いこんでいくのである。

二人の宦官の専横

弘恭も石顕も、ともに宦官で、当時は弘恭が中書謁者令、石顕がその属官である僕射《ぼくや》の地位にあって、皇帝への請奏を司っていたから、要するに江戸幕府の側用人《そばようにん》やアメリカの大統領補佐官、それに現代日本の官房副長官のように、集中する情報を自由自在に操作して、実質的な権力を振るえる立場にあるというわけだろう。とくに石顕は『漢書』佞幸伝中にわざわざ伝を立てられているほどの実力者で、その専横はじっさい、恐るべきものだったようだ。「佞幸伝」には、元帝と石顕の時代が、こんな風に描かれている。

この時、元帝、疾《やまい》に被《かか》り、親しく政事を視《み》ず、方《まさ》に隆《さかん》に音楽を好む。顕の久しく事を典《つかさど》り、中の人に外党無く、精専にて信任すべきを以て、遂に委《ゆだ》ねるに政事を以てす。小大無く顕の白《もうす》に因りて決し、貴幸は朝を傾《かたぶ》く。百僚、皆 敬《うやうや》しく顕に事《つか》う。顕、人と為り巧慧、事に習《な》れ、能《よ》く人主の微《ひそ》かなる指《むね》を探得す。内は深賊にして、詭弁を持して人を中傷し、睚眦《がいさい》を忤恨《さかうら》み、危法を以て被《くわ》う。

同じく中書令をつとめた司馬遷とは、たいへんな違いである。前漢もこのころになると、病弱で孤独な元帝が歌舞音曲で心身を癒しているあいだ、一切の決裁事項は、すべて石顕にまかされていたのである。宦官は、ものの本によれば、しばしば乳母のようなメンタリティで接してくれるというし、宣帝時代から行政経験豊富で、しかも一心に仕えてくれる石顕に、元帝はどうしてもべったりと頼り甘えるようになってしまったのだろう。ところが石顕は内心では他人を深く敵視しており、ちょっと睨まれただけでももう恨んで、ことばたくみに陥れて刑死させようと図るのだ。

つまり私が思うに、石顕は恨みを忘れぬ前漢人ではあるが、それ以上に宣帝や元帝を独占したいという欲求――変形した愛情――が、きわめて強かったのだ。そのため、ちょっとでも間《あいだ》に割って入ろうとする人間が出てきたと――勝手な妄想として――思うと、もうやっきになって、ありとあらゆる手立てを尽しては、その人を排除しようとするのである。

そんな石顕にとって、太子時代からの師傅として長年元帝と親しく接してきた蕭望之は、恐るべきライバルと思われ、たいへんな嫉妬の対象となったであろう。またもともと儒者である蕭望之にしても、「刑余の人」である石顕が、実用本位のやり方で国家の枢機を決定するなどとうてい我慢がならなかったはずで、元帝即位によって自分が政治の中心に戻ったこの機会を捉えて、全力で石顕の権力を削ぐことに取りくんだに違いない。だから、この二人が政敵とならない方が、そもそもおかしいのである。

蕭望之、告発さる

さて朝廷がこうした状態となっているとき、鄭朋という男が現われた。この男、最初はいかにも正義漢ぶって蕭望之に近づき、おべっかを遣いながら出世の機会を狙ったが、その心根をすぐに蕭望之に見抜かれて、たちまち一顧だにされなくなった。それを恨んだ鄭朋は――会稽人で楚士なので「怨恨（根に持つやつ）」だと記されているが、思えば朱買臣は会稽出身だった――、こんどは今まで悪口を言っていた側、つまり蕭望之が嫌う外戚側にころりと寝返って、成帝に謁見することに成功する。

だがこの鄭朋は、もともと虚言癖があったに違いない。御前を退出してから、こんなことを吹聴して回ったのだ。

「我、見《まみ》えて、前将軍の小過五、大罪一を言えり。中書令、傍《かたわら》に在りて、我が言《もうすこと》を知れり」

蕭望之はさっそく、弘恭と石顕に問いただす。だが問われた二人の中書令も、野心満々の軽率男によって、身に覚えのないことを揚言されて真っ青になった。もし蕭望之に、鄭朋が禁中の会話を漏らした廉《かど》で告発されたら、この愚か者との関係を疑われて、自分たちの身に火の粉がふりかかる。こうなったら、先手を打つに如《し》くはない。鄭朋を仲間に引き入れて、こちら側から上書してしまうのだ。

そこで弘恭と石顕は、鄭朋（ともう一名の小物）に命じて、〈蕭望之とその同士が、外戚の勢力を一掃しようと謀略をめぐらしております〉という告発状を準備させる。しかも狡猾にも、十日に一度の蕭望之の休日を狙って書面を提出し、さらにその書状が、まさに弘恭取り扱いの順番に当たるように仕組むのだ。蕭望之がかねてから外戚の権柄に批判的なのは周知の事実だから、この告発はあながち的外れでもないというのが、かれらの悪賢いところだ。

　だがお手盛りの告発に対して、蕭望之は平然かつ堂々と、こんな風に答弁する。

「外戚、位に在りて奢淫多きを以て、国家を匡正《きようせい》せんと欲するは、邪《よこしま》を為すにあらざるなり」

　——国を正道に戻そうとするのが、どうして悪いのか——

　事実で正論だから、どうしようもない。ならば、さっさと既成事実を積み重ねてしまおう。どのみち書類を受け付け、その処理方針を上奏し、事実上決定をするのは、われわれだ。

　というわけで、弘恭と石顕は、この書類を検討した結果、「望之・堪・更生（みな蕭望之の同士で、更生は『戦国策』著者、劉向である）、朋党して相《たがい》に称挙し、数《たびた》び大臣を譖《そし》り訴え、親戚を毀《こぼ》ち離し、以て権勢《けんせい》を専擅《せんせん》せんと欲するは、臣と為りて不忠、上を誣《し》いて不道なり。請うらくは、謁者が召して廷尉に致《いた》さんことを——蕭望之とその一派は結託して（朋党）、外戚を排除し権力を専断しよう（専擅）としており、不忠不道なので、謁者が召して廷尉に致《いた》さん（謁者招致廷尉）ことを要請します」と元帝に上申した。

　朋党・専擅とはどちらのことだ、まったくもって盗っ人たけだけしいと言いたいところだが、それはさておき、じつはこの「謁者招致廷尉」という用語が曲者で、一見したところ、これでは廷尉の役所に送致されて取調べを受ける、という意味にしか取れない。ところがその実態は、収監・拘置されて、獄吏の笞の恐怖の下に置かれるということなのだ。即位したばかりの元帝は、まだこんな常識すら知らないに違いないというのが、まさに法律に詳しい中書令たちのつけめだったのだ。はたして元帝は、深く考えずにこの上申書を裁可した。

おそらく弘恭も石顕も、これで一件落着と安心しただろう。たとえ笞刑が確定していないにせよ、やがては獄中のストレスの中で参ってしまうに違いない。それより、早く自殺でもしてくれないものか。そうすれば、厄介払いができるのに。

「いまだ徳化を以て天下に聞こえず」

ところが、この元帝の無知が、逆に蕭望之たちを救う。元帝は呑気にも、かれらを呼び寄せて話をしようと思うのだ。

後、上、堪・更生を召すに、獄に繋がるると曰《い》う。* 上、大いに驚きて曰く、「但《た》だ廷尉の問うに非《あら》ずや!?」と。以て恭・顕を責めるに、皆叩頭して謝る。

*ここで蕭望之の名が出ないところが非常に奇妙なのだが、後の記述から見るに、蕭望之は「験《けん》(取り調べ)」せられていて、また元帝は詔書の中で蕭望之の「罪」を許しているから、かれはどうしても拘置されていたものと見なさざるを得ない。しかし、後には下獄することを肯んぜずして自殺する蕭望之が、どうしてこのときは簡単に収監に応じたのか。それともじっさいに繋がれたのは、

周堪と劉更生の二人だけだったのか。ここの『漢書』の資料編集は謎の残るところである。

元帝陛下よ、叩頭ぐらいでこいつらを許していいんですか、と歯がゆくて仕方がないが、ともかく元帝はあわてて、「釈放して職務に復帰させなさい——令出視事——」と二人に命じた。ところが弘恭と石顕は従うどころか、こんな理屈を持ち出してまで抵抗し、妨害しようとする。「上、新たに即位して、未だ徳化を以て天下に聞こえず。しかして先に師傅を験《しら》べ、既に九卿・大夫を獄に下す。宜しく因りて決して免ずるべし」

つまり、皇帝がその師傅を訊問したというのは、徳化という点から見てもよくよくのことで、いまさら取り消すなどということをすれば、即位したばかりの陛下の権威にも関わりますので、いかがなものか（以後臣民の支持が得られなくなりますが、それでもよろしいか）——という理屈である。よくもこんな論理を捏《こ》ね上げたものだが、一見筋を通しているようでじつは恫喝だという、こうした官僚語法は、今も昔も、まったく変わりはないようだ。

この結果、元帝はこういう決定を下す。

制詔丞相御史：前将軍望之、傅朕八年、亡它罪過。今事久遠、識忘難明。其赦望之罪、収前将軍・光禄勳印綬。及堪・更生、皆免為庶人。

これでこの件は片づき、弘恭と石顕は、首尾よく蕭望之を排除することに成功した。それにしても腹立たしいのは例の鄭朋で、この男はちゃっかり黄門郎という役職にすべりこんでいる。

蕭望之の復活

だが元帝は、赦免された師傅のことを忘れてはいなかった。ほとぼりがさめたら有用な人材を再登用することは、前漢代にはよくあることだ。元帝もまた、そのやり方を取った。さらに『漢書』補注によれば、この年、つまり即位翌年の初元二年、蕭望之たちを免職した後、地震や客星（新星）出現などの天変地異があり、元帝はこれを天からの批判として恐れたという事情もあったらしい。すなわち時期は、春に免職騒動があってから数ヶ月ののち、冬に入ったときである。

制詔御史：国之将興、尊師重傅。故前将軍望之、傅朕八年、道以経術、厥功茂焉。其賜望之爵関内侯、食邑六百戸、給事中。朝朔望、坐次将軍。

——御史に制詔する。国運を上昇させようと思うなら、師傅を尊重するものである。もとの前将軍蕭望之は、八年間朕の師として道徳を指導し、その功績は素晴らしいものである。そこで蕭望之に六百戸（元帝紀によれば八百戸）分の扶持を給する関内侯《かんだいこう》の爵位を与え、給事中の職に任じる。老功労者として一日と十五日に参内させ、将軍の次席に置くこととする——

蕭望之、堂々の復活である。しかも給事中は天子の側近として上奏文の諮問にあずかる重役で、加官（無給の兼任職）であるところから、かつて御史大夫まで勤めた蕭望之にとって、本務としてのその上の役職への任命は、もはや約束されたも同然だ。だがこれを弘恭と石顕の側から見れば、忘れかけていた悪夢の再来である。

またあの正論居士が乗り込んでくる。しかもこんどは元帝みずからの意向で――「天子、まさに倚《たよ》りて以て丞相と為さんと欲す」とある――抜擢されたのだから、さすがの二人にも、逆らいようがない。

ついに蕭望之は、丞相の地位に手が届くところまできた。それなのに、よりによってここで、かれの運命は暗転するのだ。

長男の上書

どういうつもりだったのか、このタイミングで、蕭望之の長男で散騎中郎（騎馬警護官）の蕭伋《しょうきゅう》が上書して、父の冤罪を再審させて無実を濯《そそ》ごうとしたのだ。

事は有司に下げられ、復《ま》た奏すらく、「望之、前《さき》に坐す所は明白にて、譖《そし》り訴うる者無し。而《しか》るに子を教《し》て上書せしめ、〈亡辜之詩〉（『詩経』中の一編とされる）を称引するは、大臣の体《てい》を失いて不敬なり。請うらくは逮捕せんことを」と。

――蕭望之の罪状は自分でも認めているところであって、讒言による冤罪ではないのに、子に上書させて、あまつさえ恐れ多くも『詩経』から引用していまさら正当化を図ろうというのは、大臣にも似合わぬ態度であり、不敬である。逮捕の許可を願います――

つまり、すでに確定したお上の裁きに不服を申し立てるがごとき蕭望之の態度は、不敬に当たるという判断である。

弘恭・石顕が、これに飛びつかないはずはない。

これが、蕭望之を追い落として二度と這い上がれないようにする、最後のチャンスだ。ここで蕭望之の傲岸不遜さを、元帝に思いきり印象づけねばならない。そのためには、どういう論理で元帝を言いくるめるか。しかもそのさい、自分たちをあくまで正当化し、蕭望之に個人的恨みなどないし、大事な陛下の師傅の生命を脅かすようなつもりもないと、元帝を安心させておかねばならない。

弘恭と石顕は、狡知のたけを絞った。

以下が、かれらが元帝に言上した内容である。

弘恭・石顕等、望之の素より高節にして詘辱《くつじよく》（屈辱と同じ）せざるを知りて、建白す。「望之、前《さき》に将軍と成りて政を輔《たす》け、許・史（いずれも外戚一族の姓）を排し退けて専権し、朝を擅にせんと欲す。幸いにして坐さざるを得て、復た爵邑を賜わり、与《あずか》りて政事を聞く。過ちを悔いて罪に服さず、深く怨望《うらみ》を懐きて、子を教《し》て上書せしめて、非を上に帰す」

ここまでは、以前の告発文と同様の内容を繰り返しているに過ぎないが、次の部分が、かれら佞臣どもの、酷吏的な本音を漏らしていて、じつに憎らしい。

「自ら師傅と託《たの》むを以て、終《つい》に坐さざらんと懐《おも》う。頗る望之を牢獄に詘《かが》めて其の怏怏《おうおう》たる心を塞《ふさ》がざれば、則ち聖朝、以て恩厚を施すこと亡《な》かれ」

――蕭望之は天子の師傅という特権的地位をかさにきて、なんでも許されると安心しておるのです。牢屋に入れてその天狗の鼻を手ひどくへし折り、二度と不満など持たないように矯正するまでは、お許しにはならないようお願い致します――

これこそ、私が本章の冒頭に述べた、笞打ちの精神構造を語りつくして余りある記述ではないか。しかも元帝が、「蕭先生は剛毅な人だから、牢屋になど行かないに違いない――蕭太傅は素より剛なり、安《いず》くんぞ吏に就くを肯《が》えんぜんや――」と心配すると、石顕はぬけぬけと、こんな心にもない大嘘まで言ってのける。「人命は至って重し。望之の坐する所は、語言の薄罪、必ず憂うる所亡《な》からん――私だって蕭先生のお命は心配いたしておりますよ。ちょっとの説明で済むこと、なに先生だって、すぐに分別して下さいますよ、ご心配ございますな――」

そして元帝の裁可を取りつけると、間髪を入れずに、蕭望之の屋敷を、執金吾（首都圏警察）の車で取り囲ませた。相前後して、勅令の召喚状を持った使者が到着する。

わが死を久しく留むるなかれ

ここからは、むしろ歌舞伎か、新国劇のシーンをイメージしていただきたい……。

——土埃が舞い上がり、書生、壮士、出入りの棟梁、職人、御用聞きまでが、口々に「先生！」と叫ぶ。あたりが騒然とする中、最後のクライマックスが訪れる。

使者至り、望之を召す。望之、自殺せんと欲す。其の夫人、之を止め、以為《おもう》らくは、〈天子の意に非《あら》ずか〉と。望之、以て門下生の朱雲に問う。雲は好節の士なりて、望之に自裁せんことを勧む。是《ここ》に於いて、望之、天を卬《あお》ぎて歎じて曰く、「吾《われ》、嘗《かつ》て位《くらい》将相に備わり、年六十を踰《こ》ゆ。老いて牢獄に入り、苟《かりそめ》に生活を求むるは、亦《ま》た鄙《いやし》からずや？」と。字《あざな》もて雲に謂《い》て曰く、「游《ゆう》や、趣《すみやか》に薬を和《あ》えて来たれ。我が死を久しく留むる無かれ」と。竟《つい》に鴆毒《ちんどく》を飲んで自殺す。

自殺する仕度を整えるため、ゆっくりと別の間に向かおうとする蕭望之を、妻がその袖にすがって、「死ねとは、きっと天子の御意向ではありませぬ、ぜひともお考え直しくださいませ」と止める。厳しい顔で、しばらくその妻を見つめた蕭望之は、やがて目を傍らに転じ、危坐して控える書生の朱雲に、「君はどう思うか」と訊ねると、朱雲は腕をまくり、目を怒らせて、「先生、なにを言われる！　断固自決すべきです！」と答える。蕭望之は上を向き、長い溜め息をつくと言った。「僕もそう思う。この年になって、いまさら命に執着するような真似はせんつもりだよ。では游《ゆう》、さっそく薬をこしらえてくれ。手早く済ましたいのでな」

自殺をするか牢に下るかの違いはあるが、『漢書』では、王嘉と蕭望之と、ほとんど同じ記述がなされていることに気がつくであろう。拘引の使者が来る。周囲の者が毒を進める。仰向いて嘆息し、感懐を述べる。これが、前漢士大夫の、変わらぬ出処進退のありかたなのである。

ちなみに、このとき蕭望之に毒杯を進めた門下生朱雲とは、第三章で宮殿の欄干にしがみついて諫言した、あの「折檻」の朱雲のことで、こうしてこの前漢人物伝は、最初の逸話登場者と最後の逸話登場者、幕開きと幕引きで、首尾平仄が合うのである。

これを聞いて、驚いたのは元帝の方である。

天子、之を聞きて、驚いて手を拊《う》ちて曰く、「曩《さき》に固《もと》より其の牢獄に就かざらんことを疑いき。果然《はたして》、吾が賢傅を殺したり」と。是の時、太官（御膳役人）、方《まさ》に昼食を上《たてまつ》らんとす。上、乃《すなわ》ち食を卻《しりぞ》けて之《これ》が為に涕泣し、哀れみは左右を慟《な》かしむ。是《ここ》に於いて、顕等を召し、責問するに議の不詳なるを以てす。皆、冠を免《ぬ》ぎて謝ること良《すこぶ》る久しくして、然る後已《や》む。

食膳をはねのけて泣いた元帝は、ただちに弘恭・石顕を呼びつけて、「やっぱり先生を殺したではないか。大事《おおごと》ではないとか、人命は重いとか、ていのいいおためごかしを言って、朕をだましたのだな」と、責めに責めたが、とうとう泣き疲れて、この問題はそれなりになってしまった。

結局は、ひたすら頭を下げぬいた弘恭と石顕の、筋書きどおりの粘り勝ちということで、かれらとしては、罪悪感など毛ほども感じなかったに違いない。また、他に頼れる者とていない元帝は、二人の宦官までも殺すことはできなかったのである。*

＊謝るだけで二回も許された石顕たちに対して、天道是か非かと怒る読者のために、ここで弘恭と石顕のその後について述べておこう。弘恭はこの後数年して死亡、石顕は次の成帝即位後、免職されて、ショックのあまり路上で窮死した。例によって皇太子時代の成帝にふんだんに愛情を注いで恩を売り、権力維持のために十分な手立ても打っておいたのに、即位直後のたった数ヶ月、皇太后付となって政治の中枢から遠ざかったがために、たちまち不利な資料を山ほど提出されて失脚したのである。しかし石顕がなによりショックを受けた原因というのはやはり、手塩にかけた成帝、そして先帝のときは自分に対して平身低頭していた大臣どもに裏切られたという感覚だったろう。スターリン没後のベリヤにさも似たりというところか。またつい数箇月前、われわれはよく似た場面を、テレビで観たような気もする。

自恃の保ち方

かくして、蕭望之は自殺した。獄吏の笞の下にひれ伏すよりは、死を選んだ。とはいえこれで、蕭望之が弘恭と石顕の鼻を明かしたのかといえば、そうではない。むしろ弘恭と石顕は、蕭望之がこうすることを予測していて、まんまと死の運命に追い込んだのだから、シナリオどおりの大喜びだったはずである。だがそんなことは蕭望之もまた先刻承知の上で、かれらがどう思うかも、またかれらの悪行を正すも正さないも、かれにはもはや興味すらない。大切なのは、運命を前にした、自分自身の出処進退のみである。なぜなら、この一点だけで、蕭望之は、二人の中書令を倫理的に出し抜き、上回ることが可能になるからだ。

そうはいっても、蕭望之や王嘉の運命を見ると、もちろんかれらは鞭打ちに屈したわけではないが、だがそれは、鞭打たれてもなおかれらが節を屈しないということを意味してはいない。むしろ鞭打たれてそのような結果になるのを避けるため、かれら士大夫は先んじて死を選び、それで自恃を保つのである。

しかしそうすると、人間というものは、所詮は鞭打たれて屈してしまうようなできでしかないのだろうか。自恃というものは、鞭打ちを恐れ、それに怯えて死を選ぶ、そんな卑小なものでしかないのか。王嘉や蕭望之の倫理性とは、酷吏のそれと同様、ただの自己満足でしかないのか。かれらの生き方は、それほど空しかったのか。

宮刑を受けた司馬遷は、任安への手紙の中で、「腸一日而九回、居則忽忽若有所亡、出則不知所如往。毎念斯恥汗未嘗不発背霑衣也――日がな一日腹がのたうって、もう居ても立ってもいられない。どうして自分がこんな目に、と思うたびに冷汗がびっしょりになる――」と書いている。

司馬遷はこれほどまでに恥辱を受け、誇りを打ちのめされたわけなのだが、一方では、自殺するのは奴隷だってするんだ、自分だって〈去就の分〉くらい、とっくにわきまえている、とも言っている。では、なぜそれを生きながらえているのかというと――。

所以隠忍苟活函糞土之中而不辞者、恨私心有所不尽、鄙没世而文采不表後也。

――恥を忍んでそれでも生きているのは、心残りをとにかく書き残しておかなければ死に切れないからだ――

此人皆意有所鬱結不得通其道、故述往時、思来者。

――人というのは、とにかく心残りを書いておいて、後で読んでもらいたいものだ――

からであり、

僕誠巳（已）著此書、藏之名山、伝之其人、通邑大都、則僕償前辱之責、雖万被戮、豈有悔哉？

――この著書さえ完成して読み伝えてもらえれば、殺されたって悔いはない――

からなのである。

これが、司馬遷の自恃の保ち方である。どんなに屈辱を受けたとしても、どんなに理不尽な扱いを受けたとしても、心のたけを書き残しておきさえすれば、死んでも自分の言い分を通せたことになる。「義理に激しては」なにものも顧みず、「以て憤思を舒《の》べ、空文を垂れ、以て自ら見《しめ》す」（いずれも司馬遷報任安書）ことによって、天道是か非かと疑問を持ち、世間一般の理不尽さを訴えた、自分の倫理性と正当性だけは、だれが何と言おうと、断固主張しておけるのだ。だから司馬遷もまた、最後にその満足感だけは持って死んでいけた、前漢人の典型だったのだと、私は思うのである。

然る後に、是非すなわち定まる

現代中国の路上の喧嘩は、当事者がそれぞれ、まわりに群がった観衆――野次馬――に、自らの正当性を声高に述べ立てて評価と同意を求めるが、これはまさに、「死する日の然《しか》る後に、是非迺《すなわ》ち定まる」（司馬遷報任安書）という司馬遷の考えと、寸分違わない。ただしかし、ウイグル族の羊肉《ヤンロウ》串《チョワル》売りに因縁をつける北京の兄《あん》ちゃんも、前漢の狷介なる太史公司馬遷も、それはあんたが悪いといわれても、どのみちそんなことを認めはしないし、ましてや改めなどしないだろう。中国人の我の強さとは、そうしたものなのである。

「もの言わぬは腹ふくるるわざなり」と書いたのは吉田兼好だったが、宮澤賢治もまた、「書くときは、胸のつかえをすべて消しておかないと、あとで身体に悪い」と述べている。また最近では、世間の耳目を騒がせた、あの冬の軽井沢の惨劇から三十年を経て、当時の関係者が口を開き、記憶を定着させる試みが始まりつつあるようだ。どんな立場からであれ、どんな考え方からであれ、きっとかれらもまた、司馬遷のいわゆる、「不得已《ブウダーイー》――やむにやまれぬ――」（司馬遷報任安書）思いから、みずからの軌跡を残しておこうと心に決めたのだろう。6・4血の日曜日も、3・20

毒ガス事件も、9・11惨劇も、いずれ必ずやその日が来るはずである。

私もまた、書くことによって、その対象物《オブジェクト》に、自分の感懐を託してみたい。ただそのとき、恐るらくは、前漢代の人物が、私にとってはたしてそうした存在となったかどうか。いやむしろ、私が前漢の人物に、そうした思いを託するだけの能力と識見があったかどうか。それは、私の人生のこれからの歩みの中で、日々心に検証していくことになるのだろう。

著者紹介

濱田英作（はまだ　えいさく）

1956年東京生。

早稲田大学大学院文学研究科東洋史専攻博士課程単位取得満期退学。

現在　国士舘大学21世紀アジア学部教授。

　　　国士舘大学アジア・日本研究センター研究員。


北京大学歴史系留学，1989年6月4日天安門事件に遭遇。

専門分野は東西交渉史，前漢史。

シルクロード東西交流論，ユーラシア文明論，比較文化論，地域文化論など講義。

論文に「前漢の河西回廊進出と諸郡の建置について」「前漢における剣と争闘」「大秦国の国名について」等。

著書に『激震の天安門・北京大学からの手紙』（筆名・諸山弘，ペップ出版）『紺碧要塞の国際論』（徳間書店，共著）『21世紀アジア学』（成文堂，共著）。

翻訳に『NHK 大英博物館5　中央アジア・東西文明の十字路』（日本放送出版協会）『シルクロードの伝説』（サイマル出版会）『シク教』（岩崎書店）『ヒンズー教』（岩崎書店）。

成文堂選書36

中国漢代人物伝

2002年8月20日　初版第1刷発行

著　者　濱田英作

発行者　阿部耕一

〒162-0041　東京都新宿区早稲田鶴巻町514
発行所　株式会社　成文堂
電話 03(3203)9201　Fax 03(3203)9206
http://www.seibundoh.co.jp

製版印刷　藤原印刷　　製本　中條製本

ISBN4-7923-9110-5　C0395

定価（本体2300円＋税）

成文堂選書

22	日本国憲法哲学 (本体2500円)	上智大学名誉教授	ホセ・ヨンパルト
23	スポーツは役に立つのか (本体2300円)	中京大学教授	藤原健固
24	脳死移植立法のあり方 (本体2500円)	京都大学名誉教授	中山研一
25	転換期の東アジア経済と日本 (本体2300円)	常磐大学教授	粕谷雄二
26	教会法とは何だろうか (本体2200円)	上智大学名誉教授	ホセ・ヨンパルト
27	地球環境をリエンジニアリングする (本体2000円)	愛知学院大学教授	西嶋洋一
28	憲法改正論への招待 (本体1900円)	駒沢大学教授	竹花光範
29	政教分離とは何か－争点の解明－ (本体3200円)	日本大学教授	百地章
30	法学・刑法学を学ぶ (本体2200円)	明治大学教授	川端博
31	環境・資源・健康共生都市を目指して (本体3200円)	早稲田大学教授 早稲田大学教授	寄本勝美 田村貞雄 (編)
32	日本人の論理と合理性 (本体2500円)	上智大学名誉教授	ホセ・ヨンパルト
33	イスラームとの対話 (本体2200円)	麗沢大学助教授	保坂俊司
34	イスラームと民主主義 (本体3000円)	 北陸大学助教授 北陸大学助教授	ジョン・エスポズィト/ジョン・ボル 宮原辰夫 大和隆介 (訳)
35	未来にかける橋 (本体2800円)	早稲田大学名誉教授	安藤彦太郎
36	中国漢代人物伝 (本体2300円)	国士舘大学教授	濱田英作

成文堂選書

1	愛と家庭と （本体3000円）	京都大学教授	前田達明
2	摩擦時代の開国論 （本体1200円）	早稲田大学教授	池田雅之
3	変革の時代の外交と内政 （本体1500円）	元東京大学教授	鴨　武彦
4	産業革命の思想と文化 （本体1700円）	金沢工業大学助教授	佐伯宣親
5	農業が土を離れるとき （本体1500円）	早稲田大学名誉教授	小林　茂
6	刑法の七不思議 （本体1800円）	上智大学名誉教授	ホセ・ヨンパルト
7	イギリスにおける罪と罰 （本体2427円）	亜細亜大学教授	柳本正春
8	現代世界の構造 （本体1650円）	早稲田大学名誉教授 高崎経済大学教授 慶応義塾大学教授	大畑篤四郎 高瀬　浄 深海博明
9	民法随筆 （本体2500円）	京都大学教授	前田達明
10	人間の尊厳と国家の権力 （本体2136円）	上智大学名誉教授	ホセ・ヨンパルト
11	民法学の内と外 （本体2427円）	神戸大学名誉教授	石田喜久夫
12	学校のユートピア （本体2718円）	早稲田大学助教授	岡村遼司
13	ブルジョワと革命 （本体2427円）	明治大学講師	浜田　泉
14	脳死論議のまとめ （本体2427円）	京都大学名誉教授	中山研一
15	コミュニケイション行為の法 （本体2000円）	広島大学教授	阪本昌成
16	現代科学のコスモロジー （本体2427円）	麗沢大学助教授	立木教夫
17	イギリス人の日本観（新版） （本体2233円）	早稲田大学教授	池田雅之
18	暇つぶしは独語で （本体1900円）	京都大学教授	初宿正典
19	インディオの挽歌 （本体2800円）	早稲田大学助教授	山崎真次
20	論考・大津事件 （本体2800円）	関西大学教授	山中敬一
21	日本憲法史の周辺 （本体2500円）	京都大学教授	大石　眞